为实现经邦济世而奋斗的人们

周敏◎编著

中国出版集团

现代出版社

图书在版编目（CIP）数据

为经邦济世经国济民而奋斗的人们 / 周敏编
著. ——北京：现代出版社，2013.2 （2024.12重印）
ISBN 978-7-5143-1350-5

Ⅰ.①为… Ⅱ.①周… Ⅲ.①经济学家–生平事迹–
世界–青年读物②经济学家–生平事迹–世界–少年读
物 Ⅳ.①K815.3-49

中国版本图书馆 CIP 数据核字(2013)第 025410 号

我的未来不是梦—为实现经邦济世而奋斗的人们

作　　者	周　敏
责任编辑	张　晶
出版发行	现代出版社
地　　址	北京市朝阳区安外安华里 504 号
邮政编码	100011
电　　话	(010) 64267325
传　　真	(010) 64245264
电子邮箱	xiandai@cnpitc.com.cn
网　　址	www.modernpress.com.cn
印　　刷	唐山富达印务有限公司
开　　本	700×1000　1/16
印　　张	12
版　　次	2013 年 7 月第 1 版第 1 次印刷　　2024 年 12 月第 4 次印刷
书　　号	ISBN 978-7-5143-1350-5
定　　价	47.00 元

序 言

这套以"我的未来不是梦"命名的丛书，经过众多编者的数年努力，终于以这样的形式问世了。

此时，恰值党的"十八大"刚刚胜利闭幕，选举出了以习近平同志为首的党中央领导集体。"十八大"报告中对教育领域提出："坚持教育为社会主义现代化建设服务、为人民服务，把立德树人作为教育的根本任务，培养德智体美全面发展的社会主义建设者和接班人。"这使我们编者更感此套丛书生即逢时，契合新时期新要求，意义重大。

我们编写的这套《我的未来不是梦》系列丛书，精选了古往今来的一些重要职业，尤以当下热点职业为重。而"梦想的实现"则是本套丛书的核心。整套书立意深远，观点新颖，切合实际，着眼实用，是不可多得的青少年优质读物。

我们深信，这套丛书必将伴随小读者们的生活与学习，而促进他们德智体美全面健康的成长。更使他们对未来充满信心，驾驭着新知识和新科技，驶入海洋，飞向蓝天，去实现最美好的梦想！

目录 CONTENTS

第一章

中国需要一流的经济学家

◇导读◇

　　十年树木，百年树人。人才济济是一个国家富强的标志。作为一个中国人，不论生活工作在哪个层次，都希望国家的繁荣富强、社会的安定和谐、家庭和自己的收入稳定、生活充裕、生活质量得到提高，那么，这些经济课题的分析、认证、决策的责任，就只能依靠以经济学家们组成的智囊团和政治界人士来承担了。

　　中国的经济思想虽然有悠久的历史，但经济学成为独立的科学历史却很短。因此，中国需要一流的经济学家从人们日常生活中经常遇到的问题出发，深入浅出地将经济学中的基本原理和方法进行系统的分析说明论证。

　　然而，一个合格的经济学家，是需要多方面的努力才能培养出来的。要想成为一个经济学家，需要经过严格的训练，要有一个比较高的与经济学有关的学位。经济学家是用自己的专业知识为社会经济政策服务的。经济学家有很多分工，有专门从事经济学理论研究的，也有偏重于政策研究方面的。经济学家最重要的社会责任，就是对社会现象提供经济学角度的分析，就是需要从社会的角度、从经济学的角度、从全民经济富裕论的角度，阐述经济发展阶段国家决策所需要的不同概念。

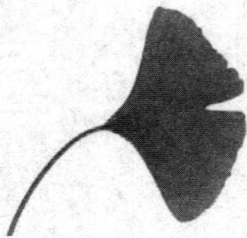

■ 从经济学谈起

在中国古汉语中，"经济"一词是"经邦"和"济民"、"经国"和"济世"，以及"经世济民"等词的综合和简化，含有"治国平天下"的意思。内容不仅包括国家如何理财、如何管理其他各种经济活动，而且包括国家如何处理政治、法律、教育、军事等方面的问题。

经济学是研究人类社会在各个发展阶段上的各种经济活动和各种相应的经济关系，及其运行、发展的规律的科学。西方经济学在19世纪传入中、日两国。日本幕末和明治初期的思想家、政治家神田孝平最先把"economics"译为"经济学"，中国近代启蒙思想家、翻译家严复则把这个词译为"生计学"。这个"经济"一词，在西方源于希腊文，原意与家计管理的释意相同。也与古希腊哲学家色诺芬著作《经济论》中的论述："经济是以家庭为单位的奴隶制经济的管理"相吻合，这和当时的经济发展状况是适应的。

20世纪80年代以来，经济学已逐渐成为各门类经济学科的总称，具有经济科学的含义。

现代经济学在研究方法上大量运用现代数学方法和现代计算机技术，进行经济数量关系的分析，这是由于现代经济发展日益错综复杂，在此过程中出现的新情况、新问题需要运用这些新的方法进行精确的描述和解释。经济学各门学科依据本身的特点，适当运用现代数学和计算机技术的新方法和新成果，对于增强经济科学的精确性，具有重要的意义。

经济活动是人们在一定的经济关系的前提下，进行生产、交换、分配、消费以及与之有密切关联的活动。在经济活动中,存在以较少耗费取得较大效益的问题。经济关系是人们在经济活动中结成的相互关系,在各种经济关系中,占主导地位的是生产关系。

经济学作为一门独立的科学,是在资本主义产生和发展的过程中形成的。在资本主义社会出现以前,对当时的一些经济现象和经济问题形成了某种经济思想,但是并没有形成系统。在以历史和文明悠久著称的民族和国家中,以中国、古希腊、古罗马及西欧中世纪保存的历史文献最为丰富。它们是两个独立发展的文化系统,在经济思想方面都有重要的贡献。

■ 中国古代的经济思想

由于中国封建社会的经济和政治制度有着自己的特点。与西方古代的经济思想比较，除在重视农业生产、社会分工思想等方面有些共同之处外，也有它自己的特点，有着"道法自然"的思想、义利思想、富国思想、赋税思想、平价思想、奢俭等思想。

道法自然是道家的经济思想。道家从自然哲学出发，主张经济活动应顺从自然法则运行，主张清静无为和"小国寡民"，反对当时儒家所提倡的礼制和法家所主张的刑政。道家这种经济思想后来传到西欧，对17世纪、18世纪在西欧盛行的自然法和自然秩序思想有一定影响。

义利思想是关于人们求利活动与道德规范之间相互关系的理论。"利"主要指物质利益，"义"是指人们行动应遵循的道德规范。儒家贵义贱利，成为长期束缚人们思想的僵化教条，妨碍了人们对求利、求富问题的探讨和论证，也在一定程度上影响了商品经济在中国的发展。

中国古代思想家为使中央集权的封建制国家富强，提出了各种见解或政策。孔子的学生有若就提出"百姓足，君孰与不足"，这是儒家早期的富国思想。以后商鞅在秦国变法，提出了富国强兵和"重本抑末"政策。商鞅和以后的韩非，认为农业是衣食之本、战士之源，发展农业生产是国家富强的唯一途径。同时，他们认为工商业是末业，易于牟利，如不加限制，就会使人人避农，危害农业生产，因而主张"禁末"。富国思想在中国的政治经济思想史上具有独特地位，这与中国长期是一个中央集权的封建专制主义国家这一特点有着密切关系。

对土地课征赋税是中国封建社会农产品的主要分配形式，是中国思想家经常要进行论述的问题之一。自西周的"公田"制消亡后，对农业生产改为按所有田亩课征赋税。因此，中国古代的经书、史籍如《尚书》、《周礼》、《国语》等，常有关于田地分级和贡赋分等的论述。

平价思想，即关于稳定物价的思想。战国时代，李悝、范蠡鉴于谷价大起大落对农民和工商业者都不利，提出国家在丰年购进粮食，在歉收的年份出售粮食的"平籴"、"平粜"政策，使粮价只在一定范围内涨落。这一平价思想也被用于国家储备粮食的常平仓制度，和救济贫民的义仓制度中。

古代王公贵族生活的奢侈或节俭，关系到财用的匮乏或富足，税敛的苛繁和薄简，因此，对待消费应提倡"俭"还是"奢"，这也是中国古代思想家经常论述的一个问题。一般来说，黜奢崇俭是中国封建时期占支配地位的经济思想。

在中国漫长的封建社会里，也出现过一些相反的观点。如《管子》一书的《侈靡》篇，就论述过富有者衣食、宫室、墓葬等方面的侈靡性开支，可以使女工、太工、瓦工、农夫有工作可做。即有利于贫民得到就业和生活的门路，也可使商业活跃起来。这在当时确是一个颇不寻常的观点，它从经济活动各方面的相互联系来考察消费问题，提出了消费对生产的反作用的卓越见解。

除上述几种主要经济思想外，中国古代思想家还有其他的经济观点，如欲求思想、功利思想、理财思想、田制思想、富民思想、人口思想，以及地尽其利、民尽其力的思想等。一般来说，中国古代的经济思想，大都是为维护中央集权的封建专制统治服务的，但也有些思想是为扩大商品生产与交换、发展社会生产力开辟道路而提出来的。

■ 从经济学谈到经济学家

经济是一门严肃的学科,是一门独立学科,是关于经济发展规律的科学,是一个永远不能预期侥幸的,有自己发展规律的,却关乎着社会健康发展和民众生活安定的课题。也是一门相对独立于政治的社会学科,而社会构成的基本成分是社会民众,所以也可以说,经济学是一门社会民众学科。经济学家们从各自不同的社会民众阶层的角度,提供了实际的、明确的、社会民众所需要的数据,为政府的经济决策提供符合社会实情和社会经济持续发展的提议,所以,在中国需要经济学家,需要更多位经济学人才。

经济学家应该关注的是理论,而不是个人纠纷。他的责任是批判错误的学说;至于揭露异端邪说背后的个人动机,那就不是他应该做的事情。面对他的对手,经济学家必须秉持这样一个虚构的假定:他们仅受不带偏见的客观理由的引导。一种错误观念的支持者的行为究竟是出于善意还是恶意,这是无关紧要的;重要的是公开阐明的主张之对错。揭露贪污腐化并将此类内幕公之于众,是其他人的责任。

所以,一流的经济学家是从来都不会辱历史使命的。比如亚当·斯密创作的《国民财富的性质和原因的研究》,书中总结了近代初期各国资本主义发展的经验,批判吸收了当时的重要经济理论,对整个国民经济的运动过程做了系统的描述,中心任务就是弄清楚国民财富的性质和原因,以达到富国裕民的目的。后来这本书又称为《国富论》,这本书对经济学领域的创立有极大贡献,使经济学成为一门独立的学科。在当时的西方世界,这本书可以说是经济学所发行最具影响力的著作，成为对针对重商主义，针对那些认为大量储备贵金属，是经济成功所不可或缺的理论的人们最经典的反驳。这本书于1776年出版后，在英国和美国都出现了许多要求自由贸易的声浪。"充分就业、自由竞争、反对国家干预"的理论，为英国资本主义工业社会奠定了理论基础。

《国富论》体大思精，既阐述了亚当·斯密本人的经济理论和思想，还包含经济史、经济学说史、财政学等。书中的经济思想和政策观点对西欧乃至整个资本主义世界产生过重大影响，被誉为"第一部伟大的系统的经济学著作"。亚当·斯密被称为经济学的主要创立者，"现代经济学之父"和"自由企业的守护神"，最早的经济学鼻祖等，获得了至高无上的荣誉。

从1776年亚当·斯密的《国富论》开始奠基，现代经济学经历了200多年的发展历史，已经有宏观经济学、微观经济学、政治经济学等众多专业方向，并应用于各种垂直领域，指导人类财富积累与创造。如今，我国正在进行建设有中国特色的社会主义国家，目的是使国家富强，人民富裕。这就要求社会生产力高度发展，社会物质财富极大丰富。《国富论》的经济思想依然可以供参考、借鉴和利用，为振兴中华开展经济建设而发挥巨大的作用。

能获得诺贝尔经济学奖是对经济学家学术成果的肯定和赞扬，但自从1968年为纪念诺贝尔而增设的这个经济学奖以来，还没有一位中国的经济学家获此殊荣。因此，中国需要一流的经济学家，来解释经济领域出现的一些难以用传统理论解释的问题，来攻克通货膨胀严重、失业率上升、银行业不良贷款增多等关系到国事民生的大问题。

诚然，中国需要有一批一流水准的经济学家。2001年诺贝尔经济学奖获得者约瑟夫·斯蒂格利茨说："中国的经济学家水平正在提高，中国的经济学家可以获诺贝尔奖，因为已经解决了西方经济学家看不懂的问题。"

中国需要一流的经济学家，需要经济学家们在论坛上自由地发表对社会民众的经济需求和经济发展的观点，让各级政府也能及时听取一下各地民众，各个阶层的民众所需求的经济问题，给中国的民生经济前景绘一幅发展蓝图。必须让经济学领域活跃起来，只有读经济学时，让民众感受到宛如畅饮甘醇的香槟一样，中国的经济发展才真正有希望，才能大幅度提升。

● 智慧心语 ●

每一历史时代的经济生产以及必然由此产生的社会结构，是该时代政治和精神的历史的基础。

——恩格斯

经济是基础，政治则是经济的集中表现。

——毛泽东

经济并不意味着消费货币，也不意味着节约货币。经济的意义在于经营和处理一个国家，一个家庭。

——罗斯金

经济造就大半人生，对经济的爱是所有美德的根源。

——萧伯纳

市场经济不等于资本主义，社会主义也有市场。

——邓小平

第二章

树爱国之心　立报国之志

　　他们是中国的经济学家，组成了中国高层经济智囊团队；他们的研究成果和建言成了经济决策的参考和依据，成了民众了解经济生活的重要资源；他们以"经济报国"，以经济为中心，以客观公正的法律，反作用经济，达到了强国富民目的；他们探寻中国经济发展方向，给决策者投资者提供有价值的观点，他们是国家不可或缺的尖端人才。

中国经济学界的泰斗

——吴敬琏

在当代中国的改革史上，吴敬琏是经济学领域中成就最大的人物之一，他参与了 1978 年之后所有重要的中国经济体制改革论战，他的思想演进与发展，勾勒出了中国经济变革理念的发展曲线。

吴敬琏，是国务院发展研究中心研究员、中国人民政治协商会议全国委员会常务委员兼经济委员会副主任、国务院信息化专家咨询委员会副主任、国务院发展研究中心学术委员会副主任；《改革》、《比较》、《洪范评论》杂志主编；香港浸会大学、香港大学荣誉社会科学博士。1984 至 1992 年，连续五次获得中国"孙冶方经济科学奖"；2003 年获得国际管理学会"杰出成就奖"；2005 年荣获首届"中国经济学奖杰出贡献奖"。他是中国经济学界的泰斗，是当代中国最有影响的经济学家之一，他对中国经济学的理论发展和经济与社会政策制定作出了多方面的贡献。

1930 年 1 月 24 日，吴敬琏出生在南京。他是家里第三个孩子，两个姐姐一个叫吴敬瑷，一个叫吴敬瑜。吴敬琏祖上是江苏武进市人，吴姓是当地的大户人家，历代中举为官的人很多。他的祖父办过玻璃厂、电灯公司、轮船公司和煤炭公司，是一个实业家。

吴敬琏的父亲原名叫吴念椿，上中学时国文和英文都非常的出色，是当地有名的"少年才子"。17 岁在南京读书时认识了姐姐的朋友邓友兰，后来在上海复旦大学读书时正式谈恋爱，将自己的名字改为"似竹"，意寓与"友兰"相陪衬,可见,他们爱情的故事是多么的浪漫和炽烈。

吴敬琏的母亲名叫邓友兰,出生在1907年,她的父亲名叫邓孝然,曾开采过煤矿,做过织布、造纸等实业,还当过成都中国银行的行长,是一个见过世面的有钱人。邓友兰的母亲吴婉是一位知书识理的女性,认定女子要想摆脱受压迫的命运,就必须有知识。可是结婚后一连生育九个孩子的生活重压掠走了她的理想。为此,她写过一篇《不平则鸣》的文章,抒发对社会和个人命运的抱怨。但是,这位倔强的女人没有向命运低头,后来到北京女子高等师范学校读书,并在重庆创办了女子学堂。吴婉决心让女儿走一条光明的路,在邓友兰14岁时,母亲自做主张地让女儿投考重庆省立第二女子师范,在这里,邓友兰不但学到了知识还获得了爱情。

吴似竹和邓友兰结婚了,可是命运之神并不是非常眷顾这对才子佳人。婚后不久,吴似竹就得了严重的肺病。为了适合他养病,他们一家人先是从南京来到了杭州,又搬到北京,原指望北京干燥的气候能帮助他康复肺病,可是没想到吴似竹却病逝在了北京。那是1931的事情,那时吴敬琏的母亲才24岁,他的姐姐一个5岁、一个3岁,吴敬琏才刚刚1岁半。

瞬间,年轻的母亲成了吴敬琏和两个姐姐最亲的人,好在吴敬琏的母亲是个刚强的知识女性,她没有被失去爱人这个命运击垮,而是把希望寄托在三个幼小的孩子身上。她到北京政法学院攻读法学,把自己的名字改为"邓季惺"这个更现代的名字。后来,她与陈德铭再婚后,身兼律师、报业家、社会活动家等多种身份,创办上海《新民报》(现《新民晚报》),到北京创办《新民报》(现《北京日报》),《新民报》后来扩展为旧中国最大的一家民营报业集团,一度创下五社八报的业绩。邓季惺是我国杰出的知识女性,很有经营才干,以经营才能来支撑自己的理想与追求,是当时有名的"报业大王"。

母亲的思想理念、精神气质深深地影响着儿时的吴敬琏,但那时由于吴敬琏从小体弱多病,取小名"长命"的谐音"长明",他动不动就病,越病越弱,饭吃得越来越少。两岁的时候,不得不按照民间的一种说法,去给面黄肌瘦的他"挑疳积",将手心的皮肤割破,将疳积挑出来,果然,这一招灵验,从此,小吴敬琏身体渐渐好了起来。为了感谢为他"挑痦积"的王姓师傅,于是又多了一个小名"王长河",认这位王师傅为"干爹"。

吴敬琏虽然在三岁之前就经历了丧父和母亲再嫁,但是他的童年并没有因此受到打击,他的母亲严格要求着他的学习情况和身体锻炼情况,让他定时学写毛笔字,听家教讲课,做游泳运动。长大后吴敬琏不喝酒、不抽烟,他说:"这些都来源于早年母亲对我的教诲。"是啊,温实敦厚的家教,使吴敬琏的身上总透着一种学者气质和大家风范。

小时候的吴敬琏最喜欢学理工科,他的数理化生功课特别的好,并且表现出了日后能成为一个优秀工程师的禀赋。他心灵手巧,好钻研,特别喜欢拆拆装装,家里的钟表,他总爱拆下来,探究一番,鼓捣鼓捣,再装起来;家里什么坏了,他总爱动手修一修。更让他开心的事情是:他还有一个"科学迷"的舅舅。

吴敬琏的六舅邓友海,毕业于西北工学院的纺织机械系,还到英国留过两年学,回国后在重庆一家丝织厂当厂长,平时常在家里装拆各种东西,搞实验,做工程。他成了小吴敬琏崇拜的偶像,他从十来岁开始跟在六舅身后,忙得不亦乐乎。他说:"我最大的愿望就是能拥有一只装有各式各样工具的木箱子。"

在吴敬琏13岁生日时,母亲真的给他买了一个他梦寐以求的木箱子,当时这种工具箱叫"双手万能",这个礼物让吴敬琏兴奋了好长时间,也让他对科学和机械的爱好保持了一生。更让他在读中学的时候,仍然不改"科学救国"的梦想,他在一篇文章中写道:"那时,我的理想是科学救国和实业救国,以为依靠声、光、电、化,就可以发展起现代工业,抵御洋人的坚船利炮和货物倾销,建设富强的中国。至于要依靠什么样的社会制度来实现这种理想,我却几乎完全没有思考过。"

吴敬琏17岁那年,被确诊患上了肺结核,因为他父亲死于这种疾病,他大姐刚进大学也染上了肺结核,这让他的母亲更加无比紧张,一再强调保命比学习重要,迫使他的学业也是停停读读。1948年,吴敬琏考上金陵大学电机系,可是因病休学后,考虑到凭自己身体条件根本无法从事艰巨的科学实验及野外考察,于是他的理工科的梦想就此破灭了。

再次复学的时候,吴敬琏选择了文学院。他说:"其实我不喜欢文学,但是文学院里面有其他的东西,比如说经济学,后来我就选了经济系,这个学问与实业救国好像还有那么一点儿关系。"

此时,正是新中国成立前夕,吴敬琏认为新民主主义经济建设的巨大高潮即将到来,下决心选学经济学。他说:"革命救国这个政治环境已经实现了,要做点什么事呢,那就是做经济建设,所以我就选学经济。复旦大学的老师都是经过苏联专家耳提面命的,回来后再教给我们知识……"读书期间,他经常到附近的工厂、农村了解工人、农民的消费情况。就这样,因为"疾病"的闹剧,让吴敬琏与经济学结下了不解之缘,他1953年从复旦大学经济系毕业了。正是这一次选择,使他踏上了以后半个多世纪上下求索经济学的不归路。后来,有人问吴敬琏说:"假如时光倒流50年,您会挑选什么样的专业?"吴敬琏毫不迟疑地回答:"经济学。经济学太有意思了!"的确,正如吴敬琏说的那样,他因为爱上了对经济学的研究,使他成为能够对中央最高经济决策施加影响的经济学家之一,党中央总书记、政府总理每当遇到重大经济问题不时会问计于他,他常出入中南海受最高层决策人的召见,座谈。每当起草党代会文件,政府工作报告时,他与其他经济学家一起聚集在北京西郊的玉泉山,热烈讨论,字斟句酌。十一届三中全会以来的20多年,经济理论的每一次重大突破并被决策层接受直至写进党中央文件、政府工作报告,都凝聚着他和诸位经济学家的贡献。在市场和计划争论最激烈的时候,他被称为"吴市场",后来又被称为"吴法制"。

2001年12月29日,CCTV中国经济年度人物颁奖典礼在北京饭店举行。颁奖辞为:"他敢于铁肩担道义,他是一位无私的、具有深刻忧患意识的社会贤达,一个纯粹的人、一个特立独行的智者,一个睿智和良知兼备的中国学者,一个中国经济学家的优秀代表,体现了中国知识分子先天下之忧而忧的高贵品格,年过七旬仍然能够保持童真和率直的经济学家。"这个时候,不用宣布他是谁台下500名观众已经明白了一切。他们自发地用热烈的掌声来表达自己的心情和对当选者的敬意,并自发地站起来,全体起立,鼓掌,这无疑是对 2001 CCTV 中国经济年度人物大奖获得者吴敬琏的最高褒扬。

如今,82 岁的吴敬琏是中国卷入论战最多的一位经济学家,虽是耄耋之年,仍然坚持公开发表"盛世警言"。他的女儿吴晓莲向他要坚持对社会事务发言的"开关",他说:"我为什么选择这种方式去做,原因是我要用自己认为对的东西来影响这个世界,用自己认为对的东西使这个世界变得更好。这种做法大概跟我的家庭和我成长的环境给予我的那种来自工业革命的现代思想有关。从很小的时候起,救国便是我所受的理想教育,我周围的人好像都是些各种各样的救国派——工业救国、实业救国、科学救国、教育救国等,这种思想的哲学基础是:人可以改变世界。"

逐梦箴言

他是中国决策圈里的经济学人,是我国经济学和决策咨询领域勇敢的"战士",他以一个学者理想主义的力量对现实做出了改变。他坚持市场的取向,在理论界、学术研究界,在青年学生中都有非常广泛的影响,对我国改革目标模式的确定做出了不可磨灭的贡献。他是中国当代著名经济学家,被称为"中国改革理论先驱"与"中国市场经济理论之父"。

知识链接

经济体制改革

按照生产关系一定要适应生产力性质这一客观规律的要求,对不适应社会生产力发展的国民经济管理制度和管理方式进行的改革,对经济体制的调整和改造。

CCTV 中国经济年度人物

CCTV 中国经济年度人物是 CCTV 从中国经济年度人物评选活动中评选出来的，始创于 2000 年，主办方是中央电视台。评选被誉为中国经济领域的奥斯卡，每年一届。该项评选活动旨在以人物为线索和载体，梳理每一年度中国经济发展的脉络与走向，具有中国经济晴雨表的作用。每年岁末，CCTV 中国经济年度人物的评选都会成为中国经济的一场盛典，年度人物候选人以及获奖者名单的发布，都会吸引国内公众和中外媒体的强烈关注，通过这个名单，可以做到对当年的中国经济"一榜知天下"。

推动中国经济改革的经济学家

——厉以宁

　　他是举世公认的中国经济学界的泰斗；是国务院总理李克强和国家副主席李源潮的老师；是第七、八、九届全国人大常委，第十、十一届全国政协常委；他因论证倡导我国股份制改革，被称为"厉股份"；他在改革、民生等方面发表了诸多观点，又被冠以"厉改革"、"厉民生"、"厉三农"等称谓，他就是推动中国经济改革的中国最知名经济学家之一的厉以宁。

　　厉以宁，1930年11月22日出生在南京一个普通的家庭里，他的父亲只有小学文化，靠给店铺打工维持一家人的生活。他名字里的"以"是家族排行，"宁"是指出生在南京。可就是在这个贫穷的家庭里出生的他，从幼年开始就涌动报国之心。

　　厉以宁4岁时随父母迁居上海，就住在威海卫路沧州坊。他到上海后开始读幼稚园，先后进入中西女中附小、渭风小学读书。1941年，少年厉以宁考上上海滩名重一时的南洋模范中学，可是不久，日寇挑起太平洋战争，厉以宁不得不再次随父母迁徙各地，辗转漂泊。看到美丽的河山频遭摧残，面对伟大而苦难深重的民族，少年厉以宁的心中涌动起用文学唤醒良知的冲动，他说："我长大后，一定要投身到实业兴国、科学富民、复兴中华文明的伟大工作中去。"

　　1943年，13岁的厉以宁随父母迁居到湖南沅陵，以优异成绩考上湖南名校雅礼中学，1947年转入南京金陵大学附中就读。他就读的几所名牌中学各有所长,师资一流,让厉以宁打下了全面发展的坚实基础,更让他终身受益。

从小学到中学,厉以宁一直偏爱文学,熟读四大名著,喜欢诗词,爱读外国著名作家巴尔扎克、莫泊桑、托尔斯泰、屠格涅夫等人的作品,喜爱中国现代文人鲁迅、巴金、茅盾、沈从文等人的作品。

厉以宁在读书笔记里写道:"从鲁迅的例子,可以看到没落家庭的命运与精神之间的联系。鲁迅是五四以来最伟大的文学家,尖刻地批评传统社会……"

读书,陶冶了厉以宁的性情,滋润了他的精神,开阔了他的视野,使他的思想人格日趋成熟。和同龄人相比,厉以宁早已懂得人间的艰辛和不同,早已领略世上的风风雨雨、沟沟坎坎。他变得沉默和内向了,他将心中的情感用诗歌、散文、杂感和短篇小说等文学形式表现出来。

上中学时,厉以宁的每篇作文,都会被同学争相传阅,成为范文,他的小说连续刊登在学校的墙报上。或许那时,少年厉以宁的梦想是成为一名作家,因为沈从文的作品给他留下了深刻的印象,他总是把沈从文的小说作为枕边的读物。

1946年,厉以宁一家又搬回南京居住,他转学到中国第一流的中学南京金陵大学附中读高二。这里拥有一流的数理化师资,让他的兴趣逐渐从文学转向自然科学,由于学习成绩优异,他担任了班上学习委员兼化学课代表的职务。高中毕业前,学校组织去一家大型化工厂参观。沸腾的机器,庞大的厂房,林立的烟囱,严肃的化学工程师,忙而不乱的工人,让置身于生产第一线的厉以宁热血沸腾,他想:"如果全国每一座城市都拥有这样阵容齐备的化工企业,国家能集中全国财力物力投入到工业建设上,而不是刮民财,挖国库,闹分裂,打内战,那么,拥有五千年文明历史的华夏民族就不会沦落到落后挨打、备受欺凌的境地,就一定能从积弱积贫的困境中走出来,再创辉煌。"

于是他说:"这次参观给我留下了很深的印象,使我了解到化肥生产对我国农业发展的重要性,于是我决心走'工业救国'的道路。"

这时,"科学救民"、"实业兴国"的理想再一次在内心涌动。1949年2月,厉以宁以品学兼优、总分名列前茅的成绩,被保送到金陵大学化学工程系深造。他说:"这是他立志做一个化学家的新起点,这是他实现工业救国伟大抱负的第一步。"

可是事违人愿,他以优等生资格接到了金陵大学化学工程系录取通知书后,并没有顺利完成那里的学业,那年4月南京解放,那年12月,厉以宁到湖南沅陵一个消费合作社担任了会计工作,他成了新中国建设大军行列中的一员。可是他心中却永远珍藏着上大学的梦想,他始终在坚持自学,1951年他考入北京大学经济学系。

为什么要报经济学系呢?原来,厉以宁工作两年后,委托当时正在北京大学历史系学习的赵辉杰代为报名参加高考。赵辉杰是厉以宁在湖南雅礼中学读书时的同学,也是他最要好的朋友之一。

赵辉杰说:"从厉以宁做过会计的工作经历和文理兼优的文化基础及社会需要等几个方面考虑,我认为厉以宁选学经济系最为适合,优势较大。"

于是,赵辉杰就做主,为厉以宁填报的第一志愿是北京大学经济系。那年7月,厉以宁在长沙应试,8月接到了录取通知书,他以优异成绩考上了北京大学经济系。从此拉开了他终生致力的经济理论学术生涯的序幕。

后来,厉以宁一往情深地回忆道:"至今我愈来愈觉得赵辉杰代我填报的第一志愿是最佳选择。"

1955年,厉以宁在北京大学毕业后留校工作、任教至今。现为北京大学社会科学学部主任,北京大学光华管理学院名誉院长、博士生导师。厉以宁在经济学理论方面著书多部,并发表了大量文章,是我国最早提出股份制改革理论的学者之一。他提出了中国经济发展的非均衡理论,并对"转型"进行理论探讨,这些都对中国经济的改革与发展产生了深远影响。厉以宁教授还主持了《证券法》和《证券投资基金法》的起草工作。

厉以宁教授因为在经济学以及其他学术领域中的杰出贡献而多次获奖。其中包括"孙冶方经济学奖"、"国家中青年突出贡献专家证书"、"金三角"奖、国家教委科研成果一等奖、环境与发展国际合作奖(个人最高奖)、第十五届福冈亚洲文化奖——学术研究奖(日本)、第二届中国经济理论创新奖等。1998年荣获香港理工大学授予的荣誉社会科学博士学位。

厉以宁理论创新,提新的基尼系数算法,运用高明的数学手法为解决贫富差距问题提供了新的思路,该理论受到国际经济学界赞誉。

《世界商业评论》对厉以宁教授的评价是:"言词能影响政府决策的经济学家。"

是啊,回首厉以宁的风雨人生路,我们不禁要问:是什么"塑造"了他这位经济学界泰斗?是他那颗从少年时代起就涌动爱国之心,让他无论从事何种职业、掌握哪样技艺、钻研什么专业,都可能成为"状元",让他心怀家国一生治学,他是享誉海内外的著名经济学家,对于经济学与中国经济改革与发展作出了重要贡献!

逐梦箴言

厉以宁从小就是一个有梦想的人,他用天赋加后天的勤奋努力,让自己成为一个既具有刚毅内向、坚定不移的个性,又具有较强的可塑性的人才。中国改革开放成就举世瞩目,在30年经济腾飞的背后,厉以宁就是中国高层经济智囊之一。他的研究和建言不仅成为经济决策的参考和依据,更成为民众了解经济生活的重要资源。

知识链接

中国经济理论创新奖

中国经济理论创新奖是一项旨在推动经济科学的创新与进步,鼓励原始创新性成果的涌现,促进中国经济改革和发展的理论性研究的学术性、公益性的专门奖项。"中国经济理论创新奖"由董辅礽经济科学发展基金会、中国社会科学院研究生院、北京大学经济研究所、中国人民大学经济研究所、武汉大学经济研究所五家主办单位发起并组织,于 2008 年 4 月正式成立了由于光远、厉以宁、成思危、张培刚、刘鸿儒、江平、萧灼基等著名学者组成的中国经济理论创新奖组织委员会。

孙冶方经济科学奖

孙冶方经济科学奖,是为纪念我国卓越的经济学家孙冶方同志对经济科学的重大贡献,表彰和奖励对经济科学做出突出贡献的集体和个人,推动中国经济科学的繁荣和发展而设立的。孙冶方经济科学奖于 1985 年开始设立和评选,每两年评选、颁发一次,是迄今为止中国经济学界的最高奖。

知识链接

励志人生好职业

世界银行第一位中国首席经济学家
——林毅夫

他是中国改革开放后第一位从西方学成归国的经济学博士,是北京大学中国经济研究中心、北京大学国际 MBA 的创始人,是中国高层的经济智囊,是首位来自发展中国家的世界银行首席经济学家,是一个潜心把脉中国经济的传奇学者,是一个努力去实现梦想的人,他就是我国著名经济学家林毅夫。

在中国经济学界,极少有人能够像林毅夫那样引人注目——无论是他的理论成就,还是他的传奇经历。林毅夫,原名林正义,1952 年 10 月 15 日出生在台湾省宜兰县。他出生时,父亲林火树说:"给他取名叫林正义吧,希望他长大后为人正直,富有正义感。"

林毅夫长得身材高大健壮,从小就爱打篮球,且技术超群。但是在他小时候,家里的生活不但非常贫困,而且还住在离夜市很近的地方,一到晚上,外面嘈杂起来,狭窄的家里更是没有一块可以让他能安下心来学习的地方。于是一天晚饭后,他倒头就睡了。

爸爸叫醒他说:"功课还没有做呢,怎么就睡下了?"

他说:"等到外面的夜市散了,我的觉也睡足了,屋里也清静了,那时起来学习会更好。"

没有办法,父亲只好怜惜地抚摸着他的头,然后意味深长地给他讲起林家的故事。原来,林毅夫的祖籍是福建漳州人,后来去了台湾,到林毅夫这里已经是在台湾的第三代林氏后裔了。可是在父亲心里却仍然涌动着深深的大中华的情结。父亲常常给他讲中华历史故事，希望通过讲《三国演义》、《水浒传》、《七侠五义》、《岳飞传》等故事，让他懂得，知道中国过去非常辉煌，知道中国在近代受到很多欺凌。

于是在幼小的林毅夫心里，就有一个追求目标：作为中国的知识分子，觉得对这个天下，对这个国家有一份责任。希望通过自己的努力，能够做点事情，让这个国家富强起来。

自从有了梦想后，为了克服夜市的嘈杂环境，每天晚饭后，林毅夫先倒头大睡，到了午夜起来学习，一直学到第二天清晨。就在这样艰苦的环境下，他的功课门门优秀，考上了台湾所有的孩子都向往的台湾大学，他从小喜欢历史，攻读硕士学位选择了当时同学们认为最难考的政大企管研究所，但是他从历史知识里获取的营养却从来没有停止过对他的影响。

1975 年，林毅夫以第二名的优异成绩毕业于陆军官校正期生四十四期步兵科，随即留校担任学生连排长，第二年考上国防公费台湾政治大学企业管理研究所，1978 年获政大企管硕士，随即返回军中，派赴金门马山播音站前哨担任陆军上尉连长，负责接待外宾参观第一线连的任务。可是，在 1979 年 5 月 16 日夜里，林毅夫顺利泅水 2000 米投奔到大陆，那年，已经是为人父为人夫 27 岁了。

为什么要有这样的"壮举"呢？其实并不是偶然的。林毅夫从小就牢记孙中山先生的遗训："唯愿诸君将振兴中华之责任，置之于自身之肩上。"所以，他认为一个人如果有能为十亿人谋福祉的能力，就应该毅然投身到这样的事业中去。他从台湾毅然泅过海峡，投奔到祖国的怀抱，实现了父亲和自己的一个梦想。

为了纪念自己的"新生"，他决定名字从"正义"改为"毅夫"，为什么叫这个名字，他解释说："曾子曰：士不可不弘毅，任重而道远。所以我把自己的名字改为毅夫。"

投奔大陆不久，林毅夫便进入北京大学经济系学习政治经济专业。其实，林毅夫最初想上的是中国人民大学，可是，校方以其"来历不明"将之拒之门外。

在北京大学,林毅夫以其既谙熟西方经济学理论、英语口语又非常流畅的优势,很快从同学中脱颖而出。1980 年,刚刚在 1979 年获得诺贝尔经济学奖的芝加哥大学荣誉教授西奥多·舒尔茨到北京大学宣讲他的经济学理论。那次,林毅夫荣幸地成为给舒尔茨做翻译的唯一人选,就是这个经历,又扭转了他的命运,为他打开了通往世界经济学最高殿堂的大门。

舒尔茨对林毅夫的翻译非常赞赏。问林毅夫:"你想到美国读博士吗? "林毅夫不假思索地说:"想呀。"

这简短的对话,林毅夫本以为舒尔茨只是随口问问而已,没想到舒尔茨回美国后不久,正式将林毅夫推荐到了美国芝加哥大学。

1982 年,林毅夫从北京大学毕业,怀揣经济学系政治经济学专业硕士学位证书,远渡重洋,来到了现代经济学的大本营芝加哥大学,成了舒尔茨的关门弟子,学习农业经济。

能师从诺贝尔经济奖得主舒尔茨,是许多经济学人士梦寐以求的事情,林毅夫更是珍惜这个学习机会

1987 年,林毅夫回到了中国,成为我国改革开放后的第一个从海外归国的经济学博士。

林毅夫先是在国务院发展研究中心发展研究所工作,任副所长,3 年后调任国务院发展研究中心农村部副部长。

1994 年,他于中国经济学教育和研究落后的状况,林毅夫与易纲、海闻等几位 "海归" 经济学者一起发起成立了北京大学中国经济研究中心。而今,中国经济研究中心已经成为国内最为活跃的经济研究 "圣地",在海外也是声誉卓著,影响深远。林毅夫预言说:"我们的这些学生也同样是坐在了金矿上,随着中国经济的发展,他们中将会有人成为诺贝尔经济学奖的获得者。"

林毅夫是第七、八、九届全国政协委员,是朱镕基总理和温家宝总理倚重的经济决策智囊,也是 "十五" 计划起草人之一,对中国的经济决策,尤其对农村经济和国企改革等领域的政策,极具影响力。他是全国政协经济委

员会副主任、中华全国工商业联合会副主席,于 2005 年获选第三世界科学院院士,2008 年 2 月,被任命为世界银行首席经济学家兼负责发展经济学的高级副行长,至此,他成了首位在世界性金融机构担任高职的中国人士。

从 2008 年 6 月到 2012 年 6 月,林毅夫,这位世界银行历史上第一位来自发展中国家的首席经济学家,为世界银行和全球发展经济学书写了具有历史意义的一笔。他说:"不论身处华盛顿,还是北京,没有贫困的世界会是我一直的梦想。"

是啊,林毅夫在世界银行任职的 4 年,与减贫、发展、非洲、超越凯恩斯主义、新结构经济学,以及中国这几个关键词密不可分,他把减贫与发展作为梦想,他在发展思想与经济理论上做出更大的贡献。

鉴于林毅夫对中国经济现象的独到研究和见解,以及他在世界经济学界的地位,一些著名学者预言,他将是我国最有可能问鼎诺贝尔经济学奖的经济学家。

"中国对世界非常重要,希望中国越来越好,中国好了世界就好!"这是林毅夫常说的一句话。

林毅夫在世界银行任职的这四年,中国经济的表现举世瞩目:经济总量跃居世界第二,出口额成为世界第一,在世界范围的危机与衰退中,中国成为全球增长的主要贡献力量……

林毅夫作为国家高层经济智囊,用一颗赤子之心,把脉着中国经济最真实的现状。他始终相信,中国经济的快速崛起,机遇大于挑战,他在圆自己的梦想,他这个昔日热血报国青年,正一步一步地实现自己经邦济世的理想。

逐梦箴言

林毅夫从小就是个不服输的人,从泅过海峡到北京大学的高材生,到诺贝尔奖得主的关门弟子,从海归经济学博士到充满农民情结的经济学家,从把脉中国经济的学界红人到世行首席经济学家,北京大学国家发展研究院、北京大学国际MBA,这些被世人瞩目的学术机构,都倾注了他的心血和挚爱。他为世界贡献的是中国人的智慧,他演绎着自己的传奇人生。

知识链接

MBA

MBA是工商管理硕士,即mba,Master Of Business Administration,是源于欧美国家的一种专门培养中高级职业经理人员的专业硕士学位。工管硕士是市场经济的产物,培养的是高素质的管理人员、职业经理人和创业者 工商管理硕士被商业界普遍认为是晋身管理阶层的一块垫脚石。现时不少学校为了开拓财源增加收入,都与世界知名的大学商学院进行合作,教授他们的工商管理硕士课程。

第三世界

第三世界包括亚洲、非洲、拉丁美洲及其他地区的130多个国家,占世界陆地面积和总人口的70%以上。发展中国家地域辽阔,人口众多,有广大的市场和丰富的自然资源。还有许多战略要地,无论从经济、贸易上,还是从军事上,都占有举足轻重的战略地位。

用理念改变中国的经济学家

——张维迎

"中国的未来取决于什么？一是我们的理念，二是我们的领导力。"这是北京大学光华管理学院经济学教授，北京大学市场网络经济研究中心主任，中国企业家论坛首席经济学家张维迎在《什么改变中国》一书里自问自答的语言。

张维迎被称为中国最富争议的经济学家，他学术观点虽然尚有争议，未达成一致结论，但是他亲历中国改革开放30年经济政策的制定与实施，他首次提出价格双轨制改革思路，他对市场经济坚定不移。他作为经济学家传递了市场经营理念，对企业家精神的理念，对开放社会的理念。只有这些理念能变成普通大众的理念，变成领导人的理念，中国的改革才不会逆转，也就实现了用理论改变中国的美好的目标。

不管对张维迎"争议"有多大，但是他获得CCTV"中国经济年度人物"、《中国最具影响力的10大经济学家》、"改革30年，经济30人"、获2011中国全面小康杰出贡献人物等诸多奖项证明了他以一个独立学者的立场，积极参与到中国改革实践的洪流中，是国内最早提出并系统论证价格双轨制改革思路的学者；他的企业理论及有关企业改革的理论成果在国内外学术界、政府有关部门和企业界有广泛影响。

张维迎1959年出生于陕北农村普通的农民家庭里，他的父母都没有上过学，不认识字，所以就提不到对他的启蒙教育了，但是他却对知识从小就有一种悟性与偏好，学习成绩门门优秀，为了回家能帮助父母做些农活，他的家庭作业都是在课间 10 分钟完成的。

一次,他从学校里回来,手里拿着一个玉米饼子,骄傲地对父母说:"我帮助功课不好的同学补习,他们给我个玉米饼子做酬劳。"

父母无奈地望着他,因为在那样贫寒的年代,一个玉米饼子的效用也是可想而知的,而他小小的年纪就知道以辅导别人功课换取实物。

穷人的孩子早当家,在张维迎身上也应验了这句话。为了能挣到一点钱,在他 10 岁时,就把自家杏树上产的杏子拿到集市上去卖,还到建筑工地打零工,到河滩上修水渠。在他 12 岁那年暑假,到离家 60 里地外的一个山上开山放炮,打扫炮眼。一干就是一个月。贫寒的家境锻炼了他吃苦耐劳的性格,而优异的学习成绩却更加激发了他日后对知识不懈的探求。

张维迎的家在陕北黄土高原上偏僻的辛庄村,那里家家都栽杏树。张维迎小时,他家的杏树已经长得枝叶茂盛了,一想到杏子可以卖钱贴补家用,他就对那棵杏树有了独特的感情,摸摸粗壮的老树杈,或者爬到杏树上坐一会,这些都成了他童年快乐的回忆。

每年,到了农历三月,杏树开花了,那天放学后,小张维迎跑到杏树下玩耍,后来他竟然睡在了杏树底下。妈妈叫醒他,他却回答说:"我睡在杏树底下,可以仰望夜空,可以等待着洁白的杏花结成绿绿的杏果。"

妈妈听了他的话,知道吃不饱的孩子把杏子看作了重要的口粮。

终于杏花凋谢了,变成小小的果实,小张维迎就迫不及待地摘下来吃。当然,他知道,刚成果的杏,一咬就咬到嫩嫩的杏仁,非常非常苦,是没有办法吃的。但他还是忍不住摘下来尝一尝。等待杏的成熟真是漫长的熬煎。慢慢地,杏核变硬了,果实也变大了,他就开始大规模地吃,当然杏还是很酸的,酸得让人龇牙咧嘴。于是他向爸爸建议说:"把这棵杏树刨了,重新栽一棵新的杏树吧"。

爸爸问:"为什么啊?"

他说:"我拿着咱家的杏与村里的小朋友交换着吃,结果发现,我家的杏尽管个头较大,可别人家的杏都比我们家的香甜可口。"

爸爸说:"我们家的杏树比别人家的熟得晚,即使表面上看上去发黄了,还得等上十天半月才能真正熟透。熟透了，就是最香最甜的杏……"

可那个时候，小张维迎却从来没有吃过熟透的杏子，在他记忆里，杏子总是酸酸的、涩涩的。

就在这样贫穷的环境里，无论家里多么拮据，父母对张维迎寄予厚望，一心供他上学。他17岁那年高中毕业，返回村里当了村团支部书记和民兵连副指导员，由于工作出色，还向地区军分区司令员汇报过工作。次年，他又当上了生产队会计，由于写了多篇通讯报道，成为地区"优秀通讯员"。

1978年，已经工作两年的张维迎，无意中在村里的广播里听到了中央人民广播电台传来的一个重要消息：在全国范围内恢复高考制度，任何人都有权利参加高考。能上大学，就可是他多年的梦想啊，19岁的张维迎报名参加了高考。他激动地说："我在高考前才知道大学有文科理科之分，所以我在高考志愿中表达了对'新闻'和'中文'的爱好。"

于是，他四处借阅油印的复习提纲，每天利用田间休息的工夫复习功课。到了高考时，他扛着一大摞烧饼走进考场，考一门吃一个，考完了，烧饼也吃完了。最后这位"烧饼考生"被省里最好的综合大学性西北大学政治经济学专业录取了，他的梦想实现了。张家的孩子考上了大学，这在辛庄村可是件大喜事，全村人都来为他送行，在他家吃了一顿"米糕"宴，用米糕招待大家，那可是当年最好的食品了。那年上大学坐火车到西安，他才第一次见到火车，那场面真让他终生难忘。就是这一别，似乎冥冥之中是一种天定，注定日后一位出色的经济学家将从这个黄土坡里走出来。

在西北大学读书时，张维迎的年龄是班里最小的，但学习成绩却是最好的。问到那时有多远大的抱负，他说："对一个农村娃来说，能上大学有一个城市户口和一份工作就满足了，更多的奢望实在不敢有。我只是凭着与生俱来的一种对思辨的爱好和擅长在学习。我在上大学前没有学过英语，在大学里也没有钱像城里的孩子一样买台砖式录音机，但我的英语成绩却和班里一位已经学了十几年英语的同学不分上下，这使我坚信农村娃也是可以学英语的。"

1981年，张维迎从西北大学毕业了，因为害怕被分回老家，又报考了西北大学经济学研究生。从此他的"经济学研究"之路越走越远,从西安走到了北京,从北京走到了伦敦,又从伦敦返回到北京。在这条道路上,他获得了成功,收获了名誉,他直接参与了对中国经济改革政策的研究,走上用理念改变中国的道路。

1984年初,张维迎写的《以价格改革为中心带动整个经济体制的改革》一文,在国内第一次提出并系统论证了双轨制价格改革的思路。当时他只是一名年仅25岁的研究生。这篇文章由著名经济学家茅于轼先生推荐,发表在当时的国务院技术经济研究中心《专家建议》上,得到当时正在组建体改所的高尚全先生的欣赏,成为他进入体改所的"敲门砖"。1984年9月在浙江莫干山召开的第一次全国中青年经济改革理论研讨会上,该论文再度作为最有价值的理论方案引起轰动,成为研讨会向中央领导报告价格改革思路的基础,对随后的价格改革起到了相当有分量的作用,学术界无法不注意有个叫张维迎的年轻人了。

张维迎是国内第一个研究企业家理论的学者,凭着其热情与天分,以及对当时一系列经济改革热点问题的独到见解,张维迎很快在思想剧烈碰撞的80年代脱颖而出,成为一位很有影响的青年经济学者。

据对国内最权威的经济学杂志《经济研究》1995~1997年间论文引证统计,张维迎教授的论文被引证的次数排名第一,其中《企业的企业家——契约理论》名列单篇第一。据《中国社会科学院引文索引》统计,张维迎的论文被引用率连续多年名列第一。2000年,他获得国家自然科学基金"杰出青年基金"。他发表的有关中国经济改革和社会发展的观点经常成为媒体关注的焦点。他关于中国企业的核心竞争力,中国企业如何做大,如何重建社会信任和企业信誉的阐述,引起人们对这三大问题的空前关注和讨论。他发表了《理性思考中国改革》的长文,将有关改革的争论推向了一个高潮。

"如果中国的经济学家不是为了使国家昌盛,人民富强,而是死死守着那些过时的教条,那么他们的良心何在呢?"这是张维迎在一次座谈时语出惊人的发言。

的确，张维迎凭着自己的刻苦，悟性，勤于思考，如饥似渴的自觉学习也为他日后成为国内最早和最出色的微观经济学专家打下了功底。他从多年高深的经济学理论研究中，明确提出了自己的意见和主张，观点鲜明尖锐，更清楚明了地把握中国经济的现状和未来。

他的企业理论及有关中国国有企业改革的研究成果，在国内外学术界及中国政府有关部门和企业界有广泛影响，被公认是"最地道的"，是中国经济学界企业理论的权威。

逐梦箴言

张维迎这位知名经济学家，一直站在风口浪尖上，可越是这样，就越能让他在现代经济理论中的思想越活跃，他想用理念改变中国。他富有战斗精神，当他认定真理在手时，他的坚持和不屈，往往表现出农家子弟式的真诚的执拗，这种爽直性格和推土机般的行事方式，自然也是一种难得的品质，他展示了一位经济学家顽强性格和不妥协的精英姿态。

知识链接

价格双轨制

价格双轨制是指同一产品计划内部分实行国家定价，计划外部分实行市场调节价的制度。在中国一般是指工业生产资料价格双轨制。

市场经营理念

市场经营理念，即通过市场经营来强化的品牌力量和口碑效应。根据市场经营理念制定相应的市场经营策略。市场营销又称为市场学，市场行销或行销学，是指个人或集体通过交易其创造的产品或价值，以获得所需之物，实现双赢或多赢的过程。

● 智慧心语 ●

生产资料的全国性的集中将成为由自由平等的生产者的联合体所构成的社会的全国性基础，这些生产者将按照共同的合理的计划自觉地从事社会劳动。

——马克思

我虽然浑身都是病，却还有一颗火热的心。

——吴敬琏

军人的理想是马革裹尸还，我最大的愿望就是累死在书桌上。

——林毅夫

改革使得相对利益受损最大的应该是领导干部，其次是工人，接下来是农民。改革的基本前提是尊重既得利益。只有做大蛋糕，才谈得上补偿。

——张维迎

第三章

耐心是一切聪明才智的基础

耐心是高尚的秉性,无论什么人,若是失去耐心,便失去了灵魂。生活是需要耐心的,成功是一个自然的过程,伟大是由耐心堆累而成的,耐心意味着要经得起眼前的诱惑,意味着无为而无不为。耐心和持久胜过激烈和狂热,耐心不是压抑,唯有成熟的心态,方能品尝到成功的味道。

离诺贝尔经济学奖最近的华人经济学家

——杨小凯

他被称为忧国忧民的经济学大师,是敢说真话的经济学家。

他因提倡"超边际分析方法"和以此为基础的"新兴古典经济学"而被世界经济学领域关注,他重新审视了古典经济学中关于分工与专业化的思想,并通过现代的数学模型解释个人专业化选择并寻找其与经济增长的关系,他的代表作《经济学原理》,被称作是激动人心的研究成果。他也被称为当代最好的经济学家之一。

他名字叫杨小凯,美国著名经济学家杰佛瑞·萨克斯曾评价他说:"杨小凯是世界上最有洞察力、最严谨的经济学理论者,他也是经济学界最具创造力的人之一。"

诺贝尔经济学奖获奖者詹姆斯·M·布坎南说:"我认为现在全世界最重要的经济研究就在莫纳什大学,是杨小凯所做的。"

杨小凯的论文见于"美国经济评论","政治经济期刊"、"发展经济学期刊"、"经济学期刊"、"城市经济学期刊"等匿名审稿杂志。他和经济学博士黄有光合著的《专业化和经济组织》一书被权威杂志书评称为"盖世杰作"。财务理论奇才布莱克称此书为"天才著作"。他的《经济学:新兴古典与新古典框架》被匿名书评人称为"对经济学根基进行重新梳理,为经济学教学提供了崭新的方法。"由于在经济学上的巨大成就,杨小凯被誉为"离诺贝尔奖最近的华人"。

杨小凯祖籍是湖南省湘潭县，1948 年 10 月 6 日出生在吉林省敦化县一个革命干部家庭。父亲杨第甫担任过湖南省政协主席，母亲陈素曾经担任过周恩来的机要秘书。在他出生之前，他的父亲和母亲相约，为投入抗日战争，暂不要孩子，直至 8 年后到东北后才生下他。所以 1990 年父亲得知杨小凯在世界经济学界崭露头角，被收入《世界名人录》时，写下《沁园春》："喜获佳儿，八载相约，此愿得酬。"

杨小凯出生时，父母给他取乳名叫小凯，学名叫杨曦光，他把这两个名字都用了，这两个名字，也代表着他两种不同的人生际遇。

儿时，由于父母工作非常忙，杨小凯和妹妹杨晖是在省委机关新湘幼儿园长大的，那时他们每个星期只能回一次家，有一次，没有到周六，但是因为想家，他居然带着妹妹从幼儿园跳窗翻墙而"逃"回家里，让父母大吃一惊，这件事在幼儿园也成了件大事。

在杨小凯 10 岁时，他们家住在省政协大院里，那时正赶上 1958 年大跃进时代，杨小凯居然带着一群孩子在院子里试着自炼废铁。在三年困难时期，为改善伙食，家里喂养了一些鸡鸭等小动物，他是最积极的饲养员，伙伴们都笑称他是"鸭司令"。一次，一只兔子死了，他居然能像课堂上老师说的那样把它来个全身解剖，看得伙伴们又惊又喜。

成长中的杨小凯就是同龄人眼中的"小大人"，他勤于思考，敢于实践。从小学三四年级起就开始记日记，并多次向妹妹介绍写日记的好处，他说："既练习写作，又记下所思所想，回过头来翻看日记是一种很好的回味与享受。"到初中时，杨小凯的日记已经写了一大摞。1958 年，他转入长沙大同小学读书，开始读大部头小说，那一年，他在作文比赛中获第一名。

青少年时，杨小凯的父亲是中共湖南省委的高级干部，但是这并没有给他带来太多的优越感，相反他却是一个阳光的，积极向上的，爱思考的少年。他的这种自然的状态，让他以优异成绩考上了长沙市一中，父亲很为他高兴，他也是省委干部子弟中少数几个凭成绩考上的人。那一年，他还在数学竞赛中获得了第一名

1962 年暑假，父亲作出一个决定，让 14 岁的杨小凯带着上小学五年级

的妹妹去北京亲戚家串门。父母给他们俩买了两张卧铺票，在火车上，他们两个没有大人带着的孩子很快成为乘客们注目的对象，杨小凯的沉着和懂事，取得了同车厢一群回北京的海军战士喜爱，一路上，他们不但得到了海军战士们的照顾，还约好下车后一起去先去看看雄伟的天安门广场。一次，杨小凯带着妹妹去看毛泽东主席就读的第一师范旧址。临行前，他对妹妹说："我们住在长沙，有便利条件，这个地方是一定要去看看的。"

到了那里，他又对妹妹说："我对毛泽东青少年时的雄才大志很是敬仰的，特别是把他推崇的'天将降大任于斯人也，必先苦其心志，劳其筋骨，饿其体肤，空乏其身，行拂乱其所为，所以动心忍性，曾益其所不能'的儒学警句牢记在心。"

的确，正如他说的那样，在寒冬季节，他在家和在学校都多次像毛泽东那样洗冷水浴，每天都坚持跑步。他对妹妹说："我每天从湖南省委后门通向一中的长坡开始，绕着之字形向上跑，一直跑到学校。中学运动会上我参加的是 5000 米的马拉松。跑步最能锻炼人的耐力。然而，和同学一起到橘子洲头去畅泳和横渡湘江，那是我最喜欢做的事之一。"

1966 年 6 月，"文化大革命"开始，杨小凯因参加反对市委派到一中工作组的活动受到批判。8 月，他父亲受到批判，成为"黑五类子女"，无资格参加红卫兵。10 月，与两个妹妹一同参加串联到北京，参加了 11 月 25 日毛泽东在天安门广场的红卫兵大接见。

1968 年 1 月，杨小凯还是湖南长沙一中的学生，其父母当时是厅局级干部，因此他也算是一个高干子弟。杨小凯在参加红卫兵，贴大字报之余，仍然对中国更深层次的政治与社会问题进行思考，写成了一篇《中国向何处去》的论文，这篇文章发表后，康生在其讲话中几次提到《中国向何处去》一文，说是"反革命的战马悲鸣"。还断言说："我有一个感觉，他的理论，绝不是中学生，甚至不是大学生写的，他的背后有反革命黑手！"

"黑手"谁？杨小凯的父母同时被隔离审查，母亲在此期间自杀去世，他自己也遭受了十年的牢狱之灾，这成为了他一生的痛。

在羁押和劳改期间，杨小凯不仅学习了英文、电机、机械制图等，还通读了厚厚的三卷《资本论》。在他看完第一、二卷后，敏锐的洞察力闪耀着思想的火花，使他发现了书中的一个薄弱环节，他发现劳动价值论忽略了决定价值的另一个重要因素——使用价值，很多年后，他才知道被马克思称为使用价值的概念在当代经济学中叫做效用。在关押期间，他还通读《世界通史》等书籍，对马克思的劳动价值论，分工理论产生了浓厚兴趣。

1978 年 4 月，杨小凯出狱了。胡耀邦对他的冤案亲自批示中央组织部："杨曦光的问题要由法院依法处理。"后来，湖南省高级法院撤销对杨曦光"反革命罪"原判，宣告无罪。1978 年，他把名字改为杨小凯。在这一年之前，"杨曦光"这个名字饱含苦难与奋斗的传奇色彩，和当时中国的命运纠葛缠绕；在这一年以后，杨小凯这个名字蓄积了无尽的激情与智慧，逐步出现在国际经济学领域，并最终成为古典经济学派的开创者。

杨小凯出狱后，在湖南大学数学系旁听了一年数学课，然后直接考上中国社会科学院数量经济研究所的研究生。1982 年，研究生刚毕业的他到武汉大学给研究生教授数理经济学和经济控制论。在著名经济学家茅于轼的推荐下，杨小凯迅速出版了有关数理经济学和经济控制论的三本专著。

历经劫难的杨小凯对父母倾注了深重的感情，而父亲对"争气的小凯"更倍加关爱和引以为豪。1982 年光明日报在头版第一次公开报道杨小凯时，父亲高兴得遍打电话广告亲友；1983 年小凯出国前，父亲作下了在家族内广为传颂的"甜甜苦苦一家尝"的七律告慰杨小凯逝去的母亲。1985 年，杨小凯赴普林斯顿大学深造，仅用了 3 年时间就获得了博士学位。随后，他到澳大利亚莫纳什大学任教，未及一年由讲师升为高级讲师，1992 年被聘为教授，在莫纳什大学经济系，教师要评教授，则必须在本研究领域内排名世界前 5 名。从获得博士学位到正教授，杨小凯只用了 4 年时间。

1998 年，杨小凯出版了标志着他事业一个新里程碑的《经济学原理》一书，书的扉页上恭恭敬敬地写上："献给已逝的母亲和饱经风霜的年迈的父亲！"这一年，他才有机会祭奠自己的母亲。也正是这本《经济学原理》，奠定了杨小凯在国际经济学界的地位。该书的匿名审稿人评论道："这一研究激动人心，令人屏息以视。杨是世上少有的几个可以思考这类问题的人之一,他更是世界少有的能解决这类问题的人之一。这一工作具有原创性和新颖性。他正在迅速建立起他作为主要理论经济学家之一的国际名声。"

《中国向何处去》这一年轻时的思考,后来成为贯穿杨小凯学术生涯和政治智慧一生的终极命题,表现出了一位经济学家的拳拳爱国之心和对祖国命运的深切关注。

杨小凯坎坷的经历,足足可以写成几本书,杨小凯把自己"文革"10年的经历写了一部自传——《牛鬼蛇神录》,但这本书所记载的,只是他人生路上一小段即坐牢的日子。他的传奇色彩,并不仅仅只因他是海外经济学家中唯一坐过10年牢的人,他还是海外华人经济学家中;唯一的中共省部高级干部的后裔,唯一的没有上过大学而获得博士学位的人,唯一创立了国际性学派的人。

就在杨小凯的事业达到高峰的时候,2001年,他被确诊为肺癌晚期,虽然几经努力,仍然没有挽救他的生命。2004年7月7日,在他去世后的第二天,北京大学就举行一个悼念座谈会。华人经济学家张五常在悼念杨小凯时说:"他的学术生涯只有20年,满是火花的20年,小凯不枉此生。"

逐梦箴言

他拥有天赐的睿智、超凡的智慧和洞察力,表现在他闪烁着智慧之光的文章上,表现在他对国家前途、政治和社会纵深层面的思考上;他是首位冲击西方主流经济学的中国内地经济学家,他创立了新兴古典经济学派,用贯穿学术生涯的政治智慧,代表中国人向经济学这一被西方主导的学科提出了挑战,成为最有可能获得诺贝尔奖的华人经济学家。

励志人生好职业

诺贝尔经济学奖

诺贝尔经济学奖并非诺贝尔遗嘱中提到的五大奖励领域之一,是由瑞典银行在 1968 年为纪念诺贝尔而增设的,全称应为"纪念阿尔弗雷德·诺贝尔瑞典银行经济学奖",通常称为诺贝尔经济学奖,也称瑞典银行经济学奖。

《资本论》

《资本论》是马克思的著作,是以唯物史观的基本思想为指导,通过深刻分析资本主义生产方式,揭示了资本主义社会发展的规律,同时也使唯物史观得到了科学的验证和进一步的丰富和发展。《资本论》运用唯物史观的观点和方法,将社会关系归结为生产关系,将生产关系归结于生产力的高度,从而证明了社会形态的发展是一个不以人的意志为转移的自然历史过程。

怪才经济学家
——张五常

2004年由《世界商业评论》评选的《中国最具影响力的10大经济学家》,于2004年10月18日揭晓,香港大学张五常教授名列榜首,成为社会影响力、学术影响力、经济影响力综合排名第一的经济学家。

张五常,国际知名经济学家,新制度经济学和现代产权经济学的创始人之一。他以《佃农理论》和《蜜蜂的神话》两篇文章享誉经济学界。

1935年12月1日,张五常出生在香港西湾河太富街12号2楼。他父亲名叫张文来,在旧中国的家长制度中长大,年轻时头上还留过辫子,他12岁那年从广东省惠州市跑到香港来工作,在一个富人之家当役童。后来,主人让他陪孩子一起到湾仔书院就读。由于沉默寡言,手脚笨拙,小朋友们给他起了一个外号叫"大懵来"。读书到第三年的时候,主人的孩子考试不及格,不能升级。主人就大发脾气,当听说他却考了第一后,一巴掌打在了他脸上。这一巴掌打醒了他,让他发愤图强。离开富人家后,做过挑石块的工人,在街旁摆卖香烟,后来到天祥洋行当电镀学徒。等到张五常出生的时候,他父亲已经40多岁了,他是家里11个孩子中的第9个孩子。

张五常的母亲比他父亲小13岁,是个勤于自己的工作又擅长管家的母亲。由于家里孩子多,所以张五常小时候父母对他很少管束。父母只是偶尔骂他"顽皮"之外,就不在约束他的行动。可以说,从童年到青年,大部分时间他都是个"自由"的人,但也因此养成很强的自主性。

在小学和中学时,张五常的学习成绩不是很好,家里的人都知道他逃学多上课少,成绩不好是理所当然的事情。那他逃学做什么去了呢?他日后自己说:"是为了要跟容国团研究乒乓球,跟徐道光下象棋,跟舒巷城谈诗论词,也跟欧阳拔英学书法。"可是,当时家里人却不知道他逃学的真正原因。

有一天,一位亲戚到家里来看他父亲,当时正好张五常一人在家,于是他给父亲写了一张纸条,说某人曾经到访有什么事情。父亲看了字条后,问遍家中每个人才确定地说:"纸上的字原来是五常写的啊!"

过了几天,家里又来了一位客人,要文来行的台湾分行地址,他父亲说:"叫五常来写地址吧。"

家人都觉得奇怪,因为那时是晚上,张五常已经入睡,而地址谁不会写呢?但父亲坚持要他写,没办法姐姐只好叫醒他来写地址。

他父亲说:"拿给我看看写得对不对。"姐姐说:"我看过,是对的。"

父亲说:"你懂什么?给我看看。"

父亲看好一阵,问张五常:"你的书法从哪里学来的?"

张五常说:"跟欧阳先生学的,先学曹全,再学张迁,现在学的是娄寿……欧阳先生说字的基础是汉碑。"

父亲微笑地点着头,不再说什么了。后来欧阳先生告诉张五常,父亲曾多次找他,问了很多关于张五常的事情。

这次父子谈话,是张五常在16岁之前,很少正式跟父亲谈几句话记忆中的一次。

在20世纪50年代初期的一天,少年张五常正好在父亲的电镀行业,那时,有很多人跑来向他父亲请教技术上的问题。一个陌生来到之后,神气十足地将一个手电筒放在了他父亲面前的桌上,说:"你觉得怎么样?"他父亲把电筒拿起来看了良久,点点头,那位不速之客把电筒拿回后,仰天大笑而去。

张五常想骂这个人没礼貌，不识规矩。父亲却轻声对他说："你少说几句吧。这个人的电筒，在镀了铬的面上局部'上'了黑色，没有半点瑕疵。这种上色的技术我研究了多年也办不好。香港没有谁能胜他。他感到骄傲，溢于言表，是应该的。"

其实，张五常的父亲非常好学，他的英语大部分是自修得来的，他的中文书法更可以与书法家相提并论，他半翻译半自著地写了一本电镀入门的中文书，成为香港工业发展初期的电镀经典之作。20 世纪 30 年代初期，他创办"文来行"，卖电镀原料，也向买者免费指导电镀的方法。

在张五常 17 岁时，他父亲因患肺病多年，五脏都有问题。医生说："他既不吸烟，也不饮酒，而又没什么奇难杂症，只因为工作过度，营养不好……"听了医生的话，张五常觉得父亲是他所知的最伟大的人。

病重的父亲对张五常说："你读书不成，但我也读不到几年书。多年以来我不管你，没有留心你的发展，见你在校成绩不好，就认为你没有希望。现在我对你的观点改变了。我认为你是可造之材，前途比我认识的所有青年还要好。你不读书，到文来行学做生意，也是好的。但你可不要忘记，我对有学问的人五体投地！"

张五常的父亲去世后，香港的电镀行业把他的生日作为师傅诞，直至今日还是如此。天下师傅多得是，但他的父亲能被同行纪念，可不是因为他的电镀技巧超人一等，而是因为他对同行的忠厚有口皆碑。

父亲去世后，张五常到文来行工作了两年，其后有机会到北美求学；灯前夜读，要休息时，想着父亲的话，疲倦之身又往往振作起来，走到书桌前，聚精会神地把书再打开。1962 年洛杉矶加州大学的外国留学生管理处的处长对他说："我要跟你握手，因为三千多外籍学生中你的成绩最好。事实上，我没有见过这样成绩的学生。"

一听到处长如此夸奖的语言，张五常马上想起父亲临终前对他说的话，他禁不住流起泪来，他说："父亲的几句话改变了我的一生。"

张五常从美国加利福尼亚大学洛杉矶分校经济学系毕业后，任香港大学教授、经济金融学院院长等职务。曾当选美国西部经济学会会长，是第一位获此职位的美国本土之外的学者。1969年以《佃农理论——引证于中国的农业及台湾的土地改革》的博士论文轰动西方经济学界。1991年作为唯一未获诺贝尔奖而被邀请参加了当年的诺贝尔颁奖典礼的经济学者。

张五常因为从小就有的"自由"性格，让他一向狂傲不羁，喜出狂言，在经济学圈内有"狂生"之称，经常自称是"华人世界里最有影响力的经济学家"。

1991年，在香港大学所办的"最差教学奖"的选举中，张五常被选为"最劣的教师"。其实，张五常讲课，从来不备课，也没有讲义，更不写板书。在他看来，自己天天思考的经济学，备课是多此一举。即使是正式场合的演讲他也不会有多少准备。

作为经济学家，张五常经常在中国大陆发表一些耸人听闻的言论，代表作《卖橘者言》、《中国的前途》、《再论中国》等风流万千，影响了中国整整一代的改革者及青年学子。2005年末出版英文学术文集《张五常英语论文选》，此书被认为是集张五常平生学术功力之大成、也将具有深远影响的经济学经典著作。

张五常有一头蓬乱卷曲的白头发，看上去十分卡通，他的经历更是充满了戏剧化，他小时候常常逃学，两次被开除，中学都没毕业，可是他从进大学到成为正教授，仅仅花了9年时间。他的专业是经济学，但是他和香港三位名摄影家一起出摄影集，而书法成就，则被上海中国画院封为画师。的确，张五常是中文世界最好的经济学散文家，他的《卖橘者言》风靡一时；他是著名的摄影家，可与香港著名的摄影家简庆福等人一比高下；他对书法艺术了如指掌，在谈到中国各家各派的书法艺术时真是眉飞色舞，愉悦之情洋溢于表，他的博士论文更是一鸣惊人。

张五常早年师从现代新制度经济学大师阿尔奇安和科斯，科斯称张五常是最为了解他的思想真谛的人；他与现代产权大师科斯、巴泽尔共事多年其思想互相影响与激励；他与大多数诺贝尔经济学奖得主交往甚笃，张五常香港的家往往成了他们进入中国的桥头堡；他多次陪弗里德曼来中国，与国家领导人畅谈中国改革之大要；他也应邀参加诺贝尔奖颁发大典，被奉为嘉宾……此等际遇，在中文世界的经济学家中，当今仅他一人。

"怪才"张五常说："我的文章中至少有六七篇一百年后还有人读，哪个诺贝尔奖得主敢这样说。"

逐梦箴言

他是"怪才"，其实经济学就是这样奇怪的学问。他是最受欢迎的教授，也是"最劣的教师"，有的人评价他是天才，有的人说他哗众取宠田；他是率先将新制度分析系统地运用到中国经济问题研究的第一人，是新制度经济学创始人之一；他是时代弄潮儿，是个直言无忌的思想者，他成了华人世界里最有影响力的经济学家之一。

知识链接

新制度经济学

新制度经济学就是用主流经济学的方法分析制度的经济学。迄今为止，新制度经济学的发展初具规模，已形成交易费用经济学、产权经济学、委托—代理理论、公共选择理论、新经济史学等几个支流。新制度经济学包括四个基本理论：交易费用理论、产权理论、企业理论、制度变迁理论。

产权

产权是经济所有制关系的法律表现形式。它包括财产的所有权、占有权、支配权、使用权、收益权和处置权。在市场经济条件下，产权的属性主要表现在三个方面：产权具有经济实体性、产权具有可分离性、产权流动具有独立性。产权的功能包括：激励功能、约束功能、资源配置功能、协调功能。以法权形式体现所有制关系的科学合理的产权制度，是用来巩固和规范商品经济中财产关系，约束人的经济行为，维护商品经济秩序，保证商品经济顺利运行的法权工具。

为中小股民代言的经济学家

——郎咸平

"今天的中国经济是什么形势，叫做冰火两重天。所谓的冰是实体经济不景气、股市楼市低迷。火呢，体现在高档企业、高档奢侈品、高档古董高档艺术品一片火爆。生病就是冰火两重天，额头会发热是火，但身体却冷得要命，要盖被子。一样的道理，现在经济也生病了。"

以上这段话是著名经济学家郎咸平的言论，涉及敏感问题，他从来不回避自己世俗的一面，他说："我就是皇帝的新装里那敢说真话的孩子。一个人提出的想法是对是错，需要大众的判断。社会在不断进步，社会公平在民间。"

2004年，郎咸平用最为传统的财务分析方法，痛陈国企改革中的国有资产流失弊病，质疑某些企业侵吞国资，并提出目前一些地方上推行的"国退民进"式的国企产权改革已步入误区。引起巨大的影响，被称之为"郎旋风"。他说："不是我'左'，是内地很多的经济学者太'右'了，他们对资本主义的认识没有深入的了解，一谈改革就是'引进外资'"。

的确，作为一名经济学家，作为一名公司治理和金融专家，郎咸平主要致力于公司监管、项目融资、直接投资、企业重组、兼并与收购、破产等方面的研究。"我不是一个执行者，我只是一个理念的传播人。"他给自己这样的定位。

郎咸平所著《操纵》《整合》《运作》《思维》等出版后均为畅销书,2010年被 30 多万网民公推为 2010 中国互联网九大风云人物之一, 2011 年 11 月 21 日,"2011 第六届中国作家富豪榜"重磅发布,他以 485 万元的年度版税收入,荣登作家富豪榜第 8 位,引发广泛关注。

1956 年 6 月 21 日,郎咸平出生在台湾桃园一个农村,他的父母早年在张学良创办的东北大学读书,他的父亲曾是国民党第 26 军的一名上尉军官,撤退到台湾时,很多军官身上都会带一箱黄金、白银,但他父亲却只带了一箱青岛啤酒和三块大洋。到台湾 7 年后,郎咸平作为他们的第三个孩子出生了,因为长时间患有扁桃体炎,一周需要注射三次的抗生素药物,算命先生说:"这个孩子活不过 12 岁。"这种不祥的预言阴影,时时笼罩在这个体弱多病的孩子的头顶。

到台湾后,郎咸平的母亲成了台湾化学界的名师。他说:"妈妈很爱我,她是一个非常坚强的女人,我从来没看见我妈妈哭过。"

郎咸平有一个哥哥和一个姐姐,他们一家五口人是很少能团聚的。他说:"我爸爸是个军人,他经常在部队里,很少回家,一个月偶尔回家一两次,他看我总是不顺眼,总是找我的错。他的脾气极坏,我和他很难相处。记得小时侯从来没见过爸爸对我笑过,而我对爸爸从小就怀着很深的敌意。妈妈很疼我,但她在补习班教书非常忙,没有时间陪我。姐姐也对我也非常不友好,我跟姐姐处得也很糟糕。不要说她应该照顾小弟弟,可她常常以大欺小指挥我干这干那,家里有点好吃的,她不仅占有一份,有时连我的一份她也要霸占过去。我晚上一个人在家看电视,姐姐一回来,一定会把电视抢过去看自己喜欢的节目,只要我有意见,她一定会和我大吵一场。我哥跟我关系不错,他常帮我,他说我这人小时候怪里怪气的,我想从小孤独应该是主因。"

在家里,郎咸平是这个状态,在学校里,他也不是"快乐"。他说:"小学四年级即因成绩太差分到不升学班。初二又因同样原因分配到'放牛班'学木工。"的确,100 分的初中数学考试他曾经只得了 7 分,初中差点没能毕业。为了对抗那些欺负他的高年级同学,甚至跑去拜了山东八步螳螂拳嫡传弟子为师，混迹台北最热闹的西门町街，打遍全校无敌手，号称"西门町之虎"。

到高中的时候，他仍然没有摆脱这种命运，他说："高一结束的时候，数学不及格，物理也不及格。我们老师说，郎咸平呀，我看你还是念文科算了。"

郎咸平高中毕业时勉强考上东海大学经济系，又因不想考微积分，只好转到金融系。从此以后，他似乎找到了最适合他吃的一碗饭，郎咸平是个善于炮轰也喜欢自嘲的人，那段并不如意的童年往事，常常被他在各种场合信手拈来，当做花絮博听众一笑，或者成为他传奇人生的一个小小注脚。

"我不聪明，但很用功。"郎咸平这样评价自己。当年他勉强考进大学后，就是一连串的奇迹：考上了号称"经济学家摇篮"的台湾大学经济学研究所，当过记者、服完兵役后，以破世界纪录的两年半时间连拿沃顿商学院金融学硕士和博士学位。后来，他致力于公司监管、项目融资、直接投资、企业重组、兼并与收购、破产等方面的研究，成就斐然。

郎咸平获得了美国沃顿商学院博士，是长江商学院首席教授，是香港中文大学最高学术级别的首席教授。郎咸平在国内的知名度极高，在1990年金融学论文引用率中，他排名世界第一，他的学术成果得到世界一流商学院的普遍认可。在2003年荣登世界经济学家名人录……他头顶着众多耀眼的头衔和荣耀。

2001年下半年，他在内地股市极力推广"辩方举证"以及"集体诉讼"，受到中小股民的追捧，因此被尊为"郎监管"。他说："股改要和国际接轨，中小股民的利益至高无上。"

他举出了英国的例子，罗列出股改分三步稳步实施，继续承担保护中小股民的责任，他因此被称为"为中小股民代言的经济学家"。

2003年6月，他提出制度化解决民企"原罪"的问题，并受远在海外的仰融委托，出任"独立第三方"，为制度化解决日益突出的民营企业与主管部门矛盾的问题进行积极探索。

2003年9月，当关于人民币汇率问题的讨论进入白热化的阶段时，他在广州某论坛一语"人民币应该再贬值2%以打击进入中国市场的游资"，再次惊动天下。

2004年提出"中国企业如要做大做强，只会造成悲剧"的论点，在中国企业界掀起了轩然大波……

郎咸平作为一位另类"海归"，他在经济学领域或与别人唇枪舌剑的PK，或站在风口浪尖上，但是他一如既往，不刻意作任何辩解和回应，他说："我就是要呼吁公众意识的觉醒，来推动我的主张实现。我根本就不稀罕经济学家对我的肯定，我真正喜欢的是民众和企业家对我的肯定。"

郎咸平非常敬仰黄花岗七十二烈士之一林觉民英雄，那封著名的《与妻书》让他非常感慨，他说："我和林觉民一样都是为了信念而工作的。"

逐梦箴言

他本能地站在中下层人民一边，为民代言，披露现实，大胆建言，在反腐败、中国经济、房地产、中国教育、大学生就业等社会热点问题上，都有全面深刻的解读和切合实际的建议，他被称为"风云人物"，他的锋芒或许是与生俱来的，成名之后的他是骄傲而又孤独的，但是在学术成果上，他却是得到了世界一流商学院的普遍认可，他是一位追求真理的经济学家。

知识链接

财务分析

财务分析是以会计核算和报表资料及其他相关资料为依据，采用一系列专门的分析技术和方法，对企业等经济组织过去和现在有关筹资活动、投资活动、经营活动、分配活动的盈利能力、营运能力、偿债能力和增长能力状况等进行分析与评价的经济管理活动。它是为企业的投资者、债权人、经营者及其他关心企业的组织或个人了解企业过去、评价企业现状、预测企业未来做出正确决策提供准确的信息或依据的经济应用学科。

国有资产

国有资产是法律上确定为国家所有并能为国家提供经济和社会效益的各种经济资源的总和。就是属于国家所有的一切财产和财产权利的总称。国家属于历史范畴，因而国有资产也是随着国家的产生而形成和发展的。在现实经济生活中，"国有资产"概念有广义和狭义两种不同理解。

将经济学讲得最清楚的经济学家

——茅于轼

"中国经济面临的最大危险就是贫富差距的扩大。解决这个问题，需要建立保护财富的体系，保护穷人和富人的财产。穷人的财产虽少，但对之性命攸关；而保护富人的财产，就是鼓励穷人争取成为富人。如果富人的财产得不到有效保护，那就没有人敢做富人了；只有富人队伍扩大了，社会才更稳定。"

以上这段是话是著名经济学家茅于轼的经典语录之一，他是天则经济研究所所长，担任亚洲开发银行注册顾问、中国环境与发展国际合作委员会能源工作组中方专家、太平洋经济合作委员会能源组国际顾问组成员、LEAD国际培训项目中国国家理事会成员、中国能源研究会副理事长等职务，他是中国最有影响的经济学家之一。

1929年1月14日，茅于轼出生于南京，他的祖父茅乃登是清末的武官，曾参加辛亥革命。中外闻名的桥梁专家茅以升先生是他的二伯父。他的母亲陈景湘，也出身在书香门第，是个大家闺秀。他的外公陈吟诗是清末的举人，他的三舅陈章曾任中央大学工学院院长、南京工学院教授。

茅于轼的父亲茅以新在家中排行第三，大学毕业后，在美国普渡大学获得铁路机车硕士学位。回国后，他先后投身于浙赣铁路和粤汉铁路的建设，立下了汗马功劳。抗战爆发后，茅以新先生受命在广西柳州组建柳江机器厂，到1944年日军进犯湘桂时，又负责工厂向贵州的疏散，是著名的铁路机械工程师。

可以说茅于轼从父辈们身上，不但学到了丰富的知识，还让他从小就具有中国古典传统和西方理性精神。可是，茅于轼的童年却是在连天烽火中度过的，为了逃避战争，他跟随父母辗转搬迁在广西、贵州、四川等地，以至于使他小学读了6家学校后才毕业，中学更了读了7家学校。让他小学和中学时始终处于搬家转学的状态。可是在这种环境下，父母始终没有放弃对孩子的管理和教育，使家里的四个孩子都非常有出息，茅于轼是家里的长子，后来成了海内外知名的经济学家，他的两个弟弟茅于杭、茅于海都是清华大学的教授，妹妹茅于兰是首都师范大学的副教授。

1946年，茅于轼从重庆南开中学毕业，考入上海交通大学，他子承父业，学的也是机械工程，1950年毕业后，分配到齐齐哈尔铁路局任火车司机、技术员、工程师。1955年调北京铁道科学研究所，任助理研究员，从事机车车辆性能研究。但是，1958年，他这个正直的知识分子，也被打成右派，被赶往大同机车厂劳动。而他七十多岁的老父亲同样没有逃脱这场政治厄运，被发配到甘肃省边界的一个地方烧锅炉。

茅于轼从事铁道机械机车车辆研究二十多年，直到70年代初，茅于轼参与了两个项目的论证与评估工作：一个是青藏铁路线的立项论证；另一个是铁道部当时要淘汰蒸汽机车，改用内燃机车。在项目论证过程中，他觉得经济学是不可或缺的。这里所说的经济学可不是什么政治经济学，而是现代经济学。他从1975年开始从事微观经济学研究，1979年提出择优分配原理，而这时，茅于轼已经50岁。人到中年的茅于轼，有着强大的自学能力、炽热的求知欲，没有什么能够阻挡你对自由的向往。后来，他成了当代中国经济学家中有工科背景经历的人，他的这种经历算是一个异数，也是比较罕见的。他说："真正的经济学家都是自由派，你主张计划经济，那么你根本就不懂经济学。真正懂得经济的，都是赞成自由的。"

关于中国人的道德前景，他说："毫不利己，专门利人从个人动机来说是高尚的，但在普遍意义上看，提倡这种行为并不能达到提高社会道德水平的目的。'私'是人类本性，也是市场机制运行的基础。市场经济社会的道德前景并不暗淡，重要的是肯定私利，反对特权，保护个人财产，使私心从破坏力变成创造力。"

关于政治改革，他说："政府和民众的关系要有一种新的调整和定位。从制度框架看，市场经济是基于公平竞争和自由选择之上的社会形态，它要求每个人在社会中有同等的权利和地位，民主政治是其中不可缺少的环节；从资源配置和经济改革效率的层面，政府职能是提供公共物品，民众的义务是依法纳税，两者之间必须建立一个开放、竞争的公共物品市场，才能实现资源配置最优的一般均衡。"

关于快乐，他说："追求快乐是人生的最高准则，财富不是。快乐是衡量个人生活和整个社会环境好坏的唯一和无上准则。助人不要给人带来负担，争取自己的快乐的同时给别人快乐，要增加快乐的总量，要不折不扣地进行帕累托改进，即确实没有任何一个人不快乐，而至少有一个人更快乐。"

茅于轼先生的"厉害"在于他对微观经济学的资源配置问题的透彻研究和精妙阐释，他曾经用一句话来概括整个微观经济学和市场经济体制的核心：充分竞争下的供求均衡达致资源配置最优。他的《择优分配原理》深入浅出，颇得经济学之妙处，所以成为很多青年学者进入微观经济学领域的介绍信。由于其著述语言引人入胜、观点精练，茅于轼培养了一大批忠实的"茅于轼迷"。由于其宽容平和的性格，关注民生问题，被认为是经济学家的楷模。他说："一个社会要有宽容精神，也要有批评，从善意出发的批评就是二者的结合。以直报怨是化解一切矛盾应有的态度。以直报怨包含两重意思，一是要直率地指出对方的错误，用适当的制裁对待破坏规则的人；二是要让他有改悔的机会，惩罚中有爱心。"

1993 年，茅于轼从社科院退休，与其他 4 位经济学家共同创办天则经济研究所，并担任首任所长。"天则"语出《诗经》"天生烝民，有物有则"，取意为"合乎天道自然之制度规则"。天则所定期举行学术讨论会，请国内外有创见的专家学者讲演，进行实事求是的讨论和批评，畅所欲言，培养出了一批实力派经济学家，且已经走出了一条民间开展学术研究的道路。

茅于轼说："现在为穷人说话的人很多,替富人说话的人很少。另一方面,为富人办事的人很多,为穷人做事的人很少。"在经济学圈内,他是有名的"替富人说话,为穷人办事"的经济学家,又因为他的经济学讲得通俗易懂,他被《世界商业评论》评价为"将经济学讲得最清楚的人"。

逐梦箴言

从火车司机到经济学家,他半路出家,从底层做起,尽管处于相对封闭的社会环境,但他锲而不舍地钻研西方经济学,最终成为在学术上、理论上、言论上高超的经济学家,他对"敏感问题"发表看法,承担起了自己的法律和道德义务。他赤心做实事,心系苍生情悠悠,他随笔论经济,语不惊人死不休,他用经济理论为穷人办事,为富人说话。

知识链接

政治经济学

政治经济学是一门以人们的社会生产关系即经济关系为研究对象的科学,它阐明人类社会各个发展阶段上支配物质资料的生产和分配的规律。是研究生产、购买及出售、以及法律、社会习俗惯例,以及政府之间的关系的一门独立学科。

现代经济学

现代经济学是从 20 世纪里半个世纪以来发展起来的,在当今世界上被认可为主流的经济学称为现代经济学。现代经济学以研究市场经济中的行为和现象为核心内容,而市场经济已被证明是目前唯一可持续的经济体制。

● 智慧心语 ●

社会将按照根据实有资源和整个社会需要而制订的计划来支配这一切东西。

——恩格斯

资本主义必不可免地要为新的社会制度所代替,这种制度将实行计划经济。

——列宁

以资产换特权,促进私有化。我曾对中央政府说,最好干脆给这些人一大笔钱,把这些权力买下来,叫他们以后再不要利用这些权力了。中国最上层没有什么贪污腐化,下面却有数不尽的贪污腐化。

——张五常

没有经过经济危机洗礼的民族,不可能是经济上成熟的民族;没有经过经济危机洗礼的企业家,不可能是成熟的企业家;没有经过经济危机洗礼的公民,不可能是市场上成熟的公民。

——郎咸平

经济学是一门伟大的科学,它能够帮助我们合理利用资源,使用一定的投入得到最大的产出。靠经济学的指导,人类社会变得越来越富有。经济学发展的二百多年中,社会财富成百倍地增加,教育得以普及,寿命得以延长,人类真正走进了不愁匮乏的时代。大家都认为经济学造福于人类,功莫大焉。

——茅于轼

第四章

用顽强毅力征服一切

○导读○

　　一个人在做事之前要详慎考虑，但是计划或方针已经确定后，就要认定目标前进，不可再有迟疑不决的态度。应该有恒心，尤其要有自信心，必须相信自己的天赋是用来做某种事情的。对已经选定的道路，就要坚定不移，任何困难都不能阻碍沿着这条路走下去的决心。只要持之以恒，终能发现顽强的毅力能征服一切。

中国经济学家泰斗
——孙冶方

1983 年 6 月 19 日，为纪念孙冶方对马克思主义经济科学的重大贡献，为推动中国经济科学的繁荣和发展，经济学家薛暮桥、于光远、许涤新等人发起成立了"孙冶方经济科学奖励基金委员会"，1985 年孙冶方经济科学奖开始设立并评选。每两年评选、颁发一次，表彰和奖励对经济科学做出突出贡献的集体和个人，"孙冶方经济科学奖"是迄今为止中国经济学界的最高奖。由此可见，孙冶方为中国经济学做出的卓越成就和重大贡献。

1908 年，也就是清光绪三十四年的 9 月 30 日，孙冶方出生在江苏省无锡县玉祁镇当街的薛家。他本姓"薛"，孙冶方是他的笔名。薛家在当地算得上是诗书官贵人家，太平天国革命爆发，使薛氏家产荡然无存，到孙冶方父亲这一代虽然家道中落，但仍是当地的望族。

孙冶方的父母的第一孩子是女孩，名叫蓉生，可是 3 岁时夭折了，后来家里又出生了 3 个男孩子。他母亲因为子女多，怀孕后曾几次服下堕胎的药石，不料却没有奏效，还是又生下这个小儿子，也就是孙冶方，那年他父母都 46 岁了，高龄产妇本不想要这个孩子，可是这孩子命大，竟然还是出生了，不仅让母亲"激动"得掉下泪来。

再看襁褓中的孙冶方，模样长得出奇的俊秀。本来，薛家人就个个长得物表人华，但是小孙冶方初到人世时，还能用特殊的美貌博得家里的赞叹。不免让人感慨。他的太爷爷在新疆做封疆大吏时，在任上迎娶了一位漂亮的维吾尔族小姐,并在离任后把她带回了家乡。一位江南才俊加上一位边塞美女,无论从谱牒学还是从遗传学的角度看,生出杰出或美丽后代的几率都是很高的。小孙冶方像极了他的维吾尔族太奶奶,长着挺直的鼻子、凹陷的眼睛、翘翘的嘴巴,他继承了太奶奶异域风情的秀美。

孙冶方是家中四兄弟中最小的一个,父母分别给他们取名为:薛萼栽、薛萼培、薛萼林、薛萼果,把每人名字的最后一个字连起来就是"栽培林果",父母取名寓意深远而务实。薛萼果的二哥薛萼培后来改名叫薛明剑,是民国时期重要的人物、著名实业家、教育家。

薛萼果改名成孙冶方,是出于当时地下斗争的需要,也是发表文章的需要。在革命战争年代,他先后用过好多别名,如:孙勉之、孙宝山、孙冶方、孙宜刚、一洲、方青、宋亮等,最后把"孙冶方"用作了自己的正式姓名。另外,薛萼果改姓"孙",是出于对母亲的深爱,因为他母亲姓"孙",出身在石塘湾孙家,那是一个当地的望族,从小受到良好的教育。孙冶方的二哥薛明剑在《先妣孙太夫人事略》里写道:"先妣孙太夫人,系出名门,幼娴庭训,持躬弥勤。自归先父华阁公,节俭持家,贤闻乡里。而相夫教子,犹识大义。"可见知书达理、勤俭持家的母亲 给孩子留下了深刻的印象。

1912年1月1日民国成立后,孙冶方的父亲离开家乡,追随亲友辗转无锡、江西、浙江、北京等地,投身社会改良工作,从此就很少回家。所以,孙冶方作为家里最小的孩子,得到母亲的关爱自然是最多的。1920年,在孙冶方12岁时,他离家到40里外的无锡市,拜江南名画家吴观岱学画。

当时孙冶方的家住在玉祁镇,位于无锡市西北角,与常州江阴交界处,当时的玉祁镇地处闭塞,从镇上到城里唯一的交通工具是船。这次出门是孙冶方这个乡下小孩子第一次外出,以前他只是听父亲和哥哥们说过大城市的繁华。他乘轮船经过两个多小时的航行,停泊在通汇桥下的码头。踩着跳板上岸,迈过层层石阶,他到了无锡市。首先映入他眼帘的是一条长长的街道,两边店铺一家挨一家,开满了铸造铁锅的作坊,只见店铺内炉火通红,铁汁流光。顷刻之间,一只锃亮溜光的铁锅就出来了,这让少年孙冶方对"冶炼"产生了深刻的印象,再看看竖在路边的路牌,上面写着三个字

"冶方场"。

"冶方场"其实应该是"冶坊场",但写牌子的人在写地名时,往往因为同音而忽略了偏旁。旧时开铸锅作坊的就叫冶坊,无锡的冶坊场全长300米,小孙冶方到这里求学后每天都要经过这里,"冶方场"这三个字在他脑海里烙下了深深的印记。他说:"在以后的几年里,在往返城乡的旅途中,'冶方场'成了我心灵的小小驿站,因为那样有趣的作坊、那么大的规模在玉祁乡下是根本看不到的。"后来,他认为冶方的寓意跟自己刚正不阿的秉性十分契合,所以他将名字改为孙冶方,并且使用终生。

1923年,孙冶方在无锡俟实学堂加入中国社会主义青年团,1924年底转为中共党员,任无锡党支部第一任书记,同时也加入中国国民党。1925年,开始从事学生运动和工人运动,由于成绩优异,同年11月受党组织派遣,去苏联莫斯科中山大学学习。

那一年,受组织委派到遥远的苏联学习时,他只有17岁,"远渡重洋"这一惊人之举却是瞒着父母亲的。他在出国前,回家筹备行装。但只是告诉母亲说:"我就读的公益中学选出一批学生到外地生产实习,要一两年才能回来。"

母亲听了他的话,很是不舍,只好对他千叮咛万嘱咐,彻夜不眠为他准备衣物。等到孙冶方到了海参崴时才写信告诉二哥真相,叫二哥他代向双亲"善为解说"。这一年,父母都已经是63岁的老人了,可以想象,他们最小的儿子远在他乡求学时对父母的思念之情。他说:"我虽然身在异国,可对慈母的思念之情、愧疚之情时时萦绕心间;慈母的叮咛、教诲长在耳边,所以,到苏联不久,因组织规定每个学员都要给自己起个化名,我在取苏联名字芬克的同时,还给给自己取中文别名'孙勉之',意为牢记母亲的勉励、教诲。"

1927年,孙冶方毕业后,在莫斯科中山大学和莫斯科东方劳动者共产主义大学任政治经济学讲课翻译。

1930年9月回国后,孙冶方任上海人力车夫罢工委员会主席,积极参加组织中国农村经济研究会,并编辑《中国农村》杂志,以孙冶方笔名发表了许多具有马克思主义观点的中国农村经济论文,从此一步步走上中国经济学家泰斗的宝座。

孙冶方不仅在经济理论上造诣深,而且有胆识、有创见。1956 年,他发表了题为《把计划和统计放在价值规律基础上》的著名论文,被指责为"宣传修正主义观点"。他没有退缩,而是更刻苦地钻研、调查,着手《社会主义经济》这一巨著的写作。1964 年他被撤去职务,遣送下乡劳动。他说:"名誉毁掉,人毁掉,但观点决不改变,我要坚持到底。"

孙冶方认为价值规律不但在社会主义时期仍然发生作用,就是到了共产主义,只要存在社会化大生产,只要生产还按生产资料和消费资料两个部类进行,商品流通就会发生,价值规律就仍要起作用。这些后来被事实证明是正确的思想,1968 年 4 月 5 日,却成了孙冶方的修正主义罪状,他被带上镣铐关进监狱达 7 年之久。

孙冶方同志在我国经济管理体制的改革方面,也提出过不少独到的见解。他主张研究经济管理体制,不能总是强调中央与地方的关系,那是属于国家政体的问题,从经济学角度看,所谓管理体制,首先是作为国民经济细胞的企业的管理体制,其核心是企业的权力和责任问题。他认为为了调动企业的生产积极性,必须扩大企业的权限,把固定资产折旧和设备更新的权责,交给基层企业。同时,把产品在原来协作关系、供销关系范围以内的供产平衡工作,下放给企业自行处理。他的这一观点,在今天看来仍是颇有见地的。他不愧是一名模范的共产党员,著名的经济学家,老一辈无产阶级革命家。

逐梦箴言

他正直敢言,是一个追求真理的光辉典范。他一生经历过种种磨难,曾冒着生命危险从事党的地下工作,曾被捕入狱;曾被"口诛笔伐",蒙受不白之冤;进入老年时期又遭受"无情"打击。他光辉的一生深受党中央的重视、学术界的赞赏、广大群众的爱戴,他一生走的是共产革命,是世界大同之路,他是一位敢讲真话的官方理论经济学家。

知识链接

马克思主义

马克思主义是马克思、恩格斯在 19 世纪工人运动实践基础上而创立的理论体系。马克思主义理论体系包括三部分,即马克思主义哲学、马克思主义政治经济学、科学社会主义,分别是马克思、恩格斯受德国古典哲学、英国古典政治经济学、法国空想社会主义影响,并在此基础上创立的。

价值规律

价值规律是商品生产和商品交换的基本经济规律。即商品的价值量取决于社会必要劳动时间,商品按照价值相等的原则互相交换。社会主义市场经济必须自觉依据和运用价值规律,以促进社会主义经济的发展。

励志人生好职业

一代经济学大师
——董辅礽

经济学家韩志国评价他说："一生辛勤耕耘，硕果累累，著作等身，从方法论上说就是三句话：甘于坐冷板凳、肯于坐硬板凳和善于坐热板凳。三条'板凳'后面蕴含着三股气：一生正气、一身骨气、一股锐气。"

北京大学教授、著名经济学家萧灼基说他是经济学界的"第一号种子选手"。他就是中国著名经济学家董辅礽，在群星璀璨的中国经济学界，他是一位德高望重、备受推崇的贤者。他是"中国经济成长论"的杰出代表，又是第一个提出改革我国国有企业体制问题的经济学家。他的许多理论尤其是经济体制改革理论在中国产生了重大影响，他有"一代经济学大师"之称。

1927年7月26日，董辅礽出生在浙江省宁波市的一个普通职员家庭。他的父亲名叫董浚敏在上海求学毕业后，做过英文秘书、中学教师，后来就职于宁波人虞洽卿开办的"三北轮船公司"，他擅古文、诗词，爱好琴棋书画，喜欢好收藏字画、古币，是个崇尚儒道的人。他父亲又是一个对中医有很好研究的人，他自己研制了一种中药散剂，可治风寒、暑热，外用内服皆宜，疗效不错。他每年都要自费配制，无偿送给别人使用，也作为家中常备药。他常教育董辅礽说："要行善，'己所不欲，勿施于人'，我们贫寒的祖辈就知道如何以微薄之力为人修路、搭桥，做些乐于助人的好事迹。所以，我们更要身体力行，走在路上，如果遇到了绊脚石，就要动手搬开……"在父亲的教育和影响下，董辅礽的修养与为人也很像父亲，乐善好施，讲仁爱，重道德。

在董辅礽小的时候，特别是抗日战争时期，他父亲常当着他的面抨击时弊，表示对社会黑暗与腐败的不满。并要求他说："多读《大公报》的社论，希望你能从中学到公理，能用流畅的文笔和逻辑方法分析问题。"

董辅礽的父亲不吃牛肉，他说："牛为农民耕耘种地一生，不应在其体弱无用之时宰而食之。"更让董辅礽受益的是在1941年至1944年，父亲每逢周末时，常在傍晚乘凉之机给他和弟弟们讲《八德须知》故事，"八德"就是忠、孝、信、悌、礼、仪、廉、耻。"八德"故事中一些反映中国社会古老优良的传统，对悟性极强的董辅礽产生了深刻的影响。

同董辅礽的父亲一样，他的母亲赵影也是宁波城里的一位大户人家的大小姐，从小受过良好的教育。为人忠厚善良，正直。温文儒雅的父母对他的品格形成起到了潜移默化的作用，对他影响也很大，他正直、公平、无私、嫉恶如仇、容不得半点虚伪、绝无任何低级趣味，这些都源于父母的影响和良好的家庭教育。

董辅礽是家里的长子，他的三个弟弟分别叫董辅祯、董辅祥、董辅祺，他名辅礽字文载，父母给他取名时说："希望他能成为一个名副其实的给人们带来幸福的大文人"，果然，董辅礽没有辜负父母的希望，长大后成了一个用知识和学问为人们创造幸福的人。

董辅礽从小就是一个擅长体育运动的人，从小的时候就学会游泳，并且是一名游泳高手，在13岁时就能横渡重庆唐家沱长江边的一个叫"鸭儿荡"的小湖。他从未学过骑自行车，长期以来一直以"快步"代车，特别是成年后，他成了一个不怕冷的人，在冰天雪地里也只穿一件衬衫和一条裤子，或许是因为他从小就坚持体能训练，或许是因为他拥有一颗非常火热的心的缘故吧。

1937年，日本发动了全面侵华战争。第二年，11岁的董辅礽和家人一起开始了逃难生活，先逃到四川宜宾，后来在重庆安顿下来，并进入重庆西郊永川国立十六中学就读。面临国家和民族的苦难，目睹国破家亡颠沛流离的人们，使董辅礽思想逐渐产生了进步倾向，产生了以"家事、国事、天下事"为己任的强烈社会责任感。除学习知识外，他还开始关注时局，并订阅了《新华日报》等进步报刊。从这些报刊中他了解到了共产党的主张,这对他以后有意识的接触进步组织,最终选择为共产主义事业奋斗终生产生了重要的影响。

在董辅礽 15 岁时,每逢假期,父亲就要求他和弟弟们一起练习书法、临摹字体,他的字写的是让父亲最满意的,后来人们看到他那一手流利的行书、草楷事实上早在他青少年时期即已形成。

1945 年 8 月 15 日,日本宣布无条件投降。对于当时只有 19 岁的董辅礽来说,继续求学,以科学救国是他最大的心愿。1946 年夏天,刚刚走出中学校门的董辅礽报考了全国一流的武汉大学法学院经济系。当时竞争十分激烈,在 3000 名参加考试的学生中,经济系只录取了其中的 50 名,董辅礽凭着自己扎实的基础榜上有名了。

在武汉大学学习期间,精力充沛的董辅礽涉猎多门学科,还常去其他系里听课,不论是世界通史、中国通史、欧美文学,还是日语、法语,只要一有时间,他都努力去学。功夫不负有心人。他的考试成绩列法学院 3 个系的第一名,并成为全校 6 个学院,法学院唯一获得当时院级奖学金"四明银行奖学金"的学生。同时,他还参加了中共在武汉大学的秘密外围组织"武大地下学联工作组"。他以极大的热情印刷宣传品,宣传马列主义学说和中国共产党的和平主张。随后又参加了"新民主主义青年社"和旨在护校的"安全互助团",开展反迫害、反破坏、反迁移斗争。由于工作出色,在 1949年 5 月 9 日,在武汉解放前夕,不满 22 岁的董辅礽成为一名光荣的中共党员。在他毕业时,正是武汉和平解放之际,武汉各界在武昌阅马场召开了迎接解放的万人群众大会,董辅礽代表武汉学生在会上致欢迎词。那种万众欢腾的庆祝场面,令他终生难忘。

在武汉大学学习期间,董辅礽有幸遇到了著名经济学家、时任系主任的张培刚教授,在张培刚的栽培下,他打下了坚实的西方经济学基础,并成为张教授留美归来后所教的首批学生之一。40 年后,董辅礽在出版《董辅礽选集》中写道:"至今我都感谢张培刚、杨端六、刘秉麟、李剑农、戴铭馔、周新民等老师的教诲。那些经济学以外的课程,包括我在外系旁听的一些课程,对我也很有帮助。因为从事经济理论研究的人,必须具备广博的知识。"

1952 年,董辅礽被保送去苏联留学,进入莫斯科国立经济学院学习。该学院是苏联著名的经济学府,拥有当时苏联国内一流的学者和专家。他的导师是苏联著名经济学家布列也夫,另一位导师图列茨基,也是苏联研究价格和国民经济平衡的权威。

1957 年,董辅礽回国后,在武汉大学任经济系讲师。1959 年 2 月,著名经济学家孙冶方点名把董辅礽从武汉大学调到中国科学院经济研究所工作,成为专业的经济理论研究工作者。从此他在明师孙冶方的提携下,坚定地走着马克思主义经济学道路,他说:"在经济所工作,使我在经济学上得到许多长进。孙冶方教授给了我许多教诲,也为我创造了许多获得长进的机会。我就在他的直接领导下工作,同时也参加了他的或他组织的一些学术活动,包括他主持编写《社会主义经济论》的活动。他的人品和学问都给我以很大教益。"

董辅礽在 50 年代和 60 年代提出的关于再生产数量关系的数字模型,被誉为"中国经济成长论的代表"。在改革开放初期,他就勇敢地提出了企业改革的方向应该是"政企分开","政社分开"的政策性建议。他最早提出并一直坚持所有制改革成为中国经济改革的关键,他在这方面的研究和理论勇气使他享誉海内外。1984 年他获得了首届孙冶方经济学奖。

有人评价董辅礽的一生说:"在稀缺的时间与生命中,经济学家已经竭尽全力,为社会福利的最大化,作出了应有的贡献。"

2004 年 4 月,病中的董辅礽预感来日无多,写下《守身为大》:"1946 年,我报考武汉大学经济系。其他课程考了什么,我已不记得了,唯独记得国文的作文试题为《守身为大说》,以后,我常常想起这个试题,以鞭策自己。"的确,作为经济学家,他竭尽全力为社会经济体制改革,为民族的伟大复兴,以一颗朴实的心最终表达"守身为大"的心愿。"守身为大",是董辅礽作为学者的道德准则,也是最高境界的学术精神,是他作为一代经学大师的最高境界,也是他留给后人最宝贵的精神遗产。

少年时,他勤奋好学,追求真理,用良好的天赋、良师的教诲和自身的勤勉,为日后的治学打下了坚实的基础;他是中国经济成长论的代表,是少数能够影响中国政府重大决策的学者之一,是私营经济的护航人,是理论上的先行者,积极的实践者,是中国民营经济的辩护人,他正道直行经邦济世,是一位声名远扬一代经济大师。

知识链接

政企分开

政企分开在改革之初就已经提出来了,但至今仍没有达到设想目标。政企关系实际上一直处于矛盾状态:一方面,出于国有资产保值增值的考虑,政府依然以各种理由、各种身份对企业实施行政干预,结果政企不分现象仍十分普遍;另一方面,政府作为国有资产所有权代表,受信息、利益、人力等多方面因素的限制,并没有很好地履行所有者职责,相当一部分国有资产处于失控状态,"所有者缺位"和"内部人控制"现象严重,大量国有资产流失。

政社分开

政社分开作为行政改革中的一项重要议题,其不仅是政府职能转变和公共管理新模式的需要,而且符合"社会事务责任的剩余原则",符合"多元促进生机"的规律,符合"直销"降低服务产品成本的规律。政社分开的努力离不开科学理念的引导,只有从公共管理的客观要求和社会组织发展的自有规律出发,来探寻改革之路和采取创新措施,才能使政府与社会组织既相对分开又相互 合作的目标真正得以实现。

中国经济的预测大师
——萧灼基

2008 年 5 月 5 日,是全世界无产阶级的伟大导师、科学社会主义的创始人、伟大的政治家、哲学家、经济学家、革命理论家马克思诞辰 190 周年纪念日。这一年,我国著名经济学家、北京大学教授、博士生导师萧灼基出版了《马克思传》,并再版了他 1985 年出版的《恩格斯传》。

这两本书,倾注了萧灼基 50 年心血的学术和研究成果,是中国学者写的第一本关于两位伟人学术研究性的书籍,是我国社会科学研究领域的重大突破。法国学者科尔纽认为,要写马克思恩格斯传记,只有通过集体劳动才能实现。但是,萧灼基却是一个人独立撰写了具有学术研究性的《马克思传》《恩格斯传》,填补了世界马克思主义研究史的空白,是对世界马克思主义研究史的重大贡献。

萧灼基,中国著名的经济学家,全国政协常委兼社会与法制委员会副主任,中国国际贸易促进委员会特聘顾问;获首届孙冶方经济科学奖等诸多奖项;1992 年国务院批准为享受政府特殊津贴专家。中国人民政治协商会议全国委员会委员,全国政治经济委员会委员,北京大学经济学教授、博士生导师,北京市场经济研究所所长,《经济界》杂志社社长兼总编。

1933 年 12 月 4 日,萧灼基出生于广东省潮阳市棉城镇一个文化氛围浓厚的家庭里,他父亲在一家银行当职员,爷爷是位建筑师。按理说他家的日子应该过得很好,可是因为他爷爷不善管理,在他懂事时就破产了。更让人无法接受的是,在他 5 岁那年他父亲又离开了人世,一家人生活又陷入了一种因失去亲人而带来的困境之中。

生活上的不幸,没有剥夺萧灼基的聪慧天性,相反更加激励他勤奋好学,他不但学习成绩好,而且从少年时,他就热衷于参与各种社会活动。1948 年秋天,在广东省潮阳的一个小村镇上,15 岁的萧灼基心情格外兴奋,因为这一天,他被选去为 30 多位青年农民讲课。其实,他这已不是第一次在众人面前讲课了,他在举手投足间带着一份稳重,他的眼神里更是透着一份与他年龄不相称的自信。

1953 年 20 岁的萧灼基以优异成绩考入中国人民大学经济系,从南疆海滨来到北国首都,成为政治经济学专业的一名新生。刚到人大时,萧灼基满嘴叽里呱啦的潮汕话,被同学们取笑为"外国人";每天早上,他习惯性地冲沏润喉提神的功夫茶,又被同学们攻击为"小资产阶级";就餐时,他又因为特别喜欢吃大米饭,被人奚落成"饿死鬼"……,种种不利于萧灼基的语言,让他像只可怜的丑小鸭一样孤单地落在群体之外。他想:"要想被人瞧得起,唯有拿学习成绩来说话了。"

于是,萧灼基选择与书为伴,他一头扎进图书馆,或预习即将讲到的知识点,或阅读老师罗列的大部头,或解析教材后面的问答题,每次考试时总能以绝对的优势分数取得第一名,成为老师眼中的"宠儿"。两年后,在他大三时,又因品学兼优被推荐攻读研究生,直接跳级升入学校的经济学说史专业研究生班,成为一名硕士研究生。

在研究生班学习,萧灼基如痴如醉地徜徉在经济学知识的海洋里,他缠着教授请教,与同学们讨论、辩驳,还曾登门造访过正在中国人民大学援教的苏联马克思主义学说权威卡拉达耶夫教授,陈述自己对于马克思主义的看法,有很多时候,他提出的问题,让教授也只好摇头苦笑做无奈状。就这样,仅用了一年半的工夫,萧灼基就读完了正常情况下需要三年才能学完的经济学说史硕士研究生课程。之后,他开始攻读政治经济学专业研究生,广泛涉猎高级政治经济学、高级微观和宏观经济学、经济发展理论、产业经济学、金融学、财政学、国际经济学等学科,特别是他开始潜心钻研《资本论》，他说："从那时起，我就把学习、研究、宣传马克思主义经济理论作为终生任务，从此踏上了毕生追随革命导师马克思恩格斯的人生旅程。"

博大精深的马克思主义深深吸引了萧灼基，他说："马克思个人纯洁高尚的品格时刻感染着我，因此，我还在读研究生时，便产生了要写一部关于马克思个人传记的想法，以借此向伟大的革命导师致敬。尤其是 20 世纪 50 年代初，当弗·梅林的《马克思传》中文版成功问世之后，我的这一想法更加坚定——要写一部中国人自己的《马克思传》。"

写一部关于马克思的个人传记，是萧灼基多少年前就有的愿望。于是，无数个日日夜夜，他沉浸在《马克思恩格斯全集》、《资本论》等相关文献资料中。他回忆说："我越发领略到马克思主义的博大精深，越发强烈地感受到马克思熠熠生辉的思想。我仿佛回到了那个充满战火与激情的革命年代，感受到了历史巨轮滚滚前进的波澜壮阔，看到了两位革命导师对人类社会发展的巨大推动作用。我似乎身临其境，亲眼目睹了马克思是如何在海牙代表大会上义正词严地驳斥巴枯宁分子，亲耳聆听了马克思在共产主义者同盟代表大会上喊出的那响彻云霄的口号：全世界无产者，联合起来！"

经过 20 年的努力，1983 年，在马克思逝世一百周年时，萧灼基创作的《马克思的青年时代》出版了，这本书主要记录了马克思在年轻时代的学习、工作以及进行理论创作和参加革命斗争的情况。他说："这既是对我前期研究马克思主义的一个小小的奖励，也是对我继续努力以最终完成《马克思传》的一种鞭策，它就像一部戏的前奏，鼓励着我再接再厉完成这部戏剧的主体。"

经过近半个世纪的努力，2008 年，萧灼基完成了《马克思传》，完成了他"以向伟大的革命导师致敬"的心愿。从此中国人可以骄傲地说："迄今为止，世界上唯有一名学者撰写过关于马克思、恩格斯的两部传记，这就是中国的萧灼基。"

萧灼基终于把马克思丰富多彩的传奇人生和他那以严密的逻辑贯穿起来的革命思想完整地记录下来，如果没有时间的浇铸，是难以想象的。然而，在从事《资本论》和对马克思的研究中，让萧灼基深刻地感受到这位伟大的思想家和革命家留给人类的精神遗产无处不在,他那睿智而坚毅的目光似乎仍然在统摄着多元化的欧罗巴大地,仍然对人类社会发生着巨大的影响。

在写作《马克思传》的过程中,除了搜集资料、从书本中研究马克思主义之外,萧灼基还积极地参加社会实践,利用所掌握的马克思主义相关理论来指导个人实践与理论研究,以期望能更好地把握马克思主义的精髓。所以在《马克思传》付梓之时,他又将主要精力投入市场经济研究的工作。涉足证券、期货、房地产市场、产权关系、WTO与中国以及金融、财税体制改革等诸多领域,并因斐然的成就而成为国内著名的经济学家。

改革开放以来,萧灼基在中国经济发展战略、经济体制改革、产权制度、金融证券、涉外经济等研究领域,发表了一系列创新观点,颇具影响。金融证券市场是萧灼基近年主要的研究领域,他是中国较早从事证券市场理论研究的学者之一,对中国证券市场的建设和完善起到了重要作用。

1994年7月,全国股市一片萧条冷落,一时间股民惶惶不安,人们对经济发展的信心也受到很大的打击。正在这时,萧灼基指出:"股市已跌至最低点,正是入市的最佳时机。话音未落,短短半月,股市立刻开始大幅度蹿升……"他作为经济学家,能在这个在关键时候"说话",果然几日后,股市开始强劲反弹,应验了萧灼基的话。因此萧灼基又被人冠以"萧股市"和"中国经济预测大师"的美誉。

一直以来,萧灼基都在努力,才让他有了一连串对中国经济的精准预测。多年来,萧灼基的足迹遍及海内外,他用异常严谨的逻辑推断,超前且创新地分析经济的发展和预测中国的未来,因而每一次发言都能让与会者热血沸腾、激情澎湃,继而报之以长时间的热烈掌声。

逐梦箴言

探索无止境，争鸣无尊卑。他从学习经济学，到钻研《资本论》，到成长为从《资本论》里走出的经济预测大师，他将马克思主义经济学理论应用于中国经济发展实践，他是马克思研究史上的一位重量级人物。从"大作家"到"萧股市"，他为中国经济把脉，被称誉为"最贴近市场的经济学家"，他对股市的真知灼见与神机妙算使海内外众多金融证券专家由衷叹服。

知识链接

小资产阶级

小资产阶级在马克思学说是指介乎资产阶级、资本家及无产阶级者。主要包括中农、小手工业者、小商人、自由职业者等。小资产阶级占有一小部分生产资料或少量财产，一般既不受剥削也不剥削别人，主要靠自己的劳动为生。但是，其中有一小部分有轻微的剥削。作为劳动者，在思想上倾向于无产阶级，作为私有者，又倾向于资产阶级，极易受资产阶级思想的影响。因此，在反对封建主义的斗争中既具有革命性，同时也存在政治上的动摇性、斗争中的软弱性和革命的不彻底性。

恩格斯

弗里德里希·冯·恩格斯，德国思想家、哲学家、革命家，全世界无产阶级和劳动人民的伟大导师，马克思主义的创始人之一。恩格斯是马克思的挚友，他为马克思从事学术研究提供了大量经济上的支持。在马克思逝世后，将马克思的大量手稿、遗著整理出版，并且成为国际工人运动众望所归的领袖。

中国经济学界的宗师

——宋涛

宋涛,是我国卓越的经济学家、杰出的教育家,是中国人民大学一级教授,中国人民大学经济系名誉系主任,国务院学位委员会经济学科评议组原召集人,全国马克思列宁主义经济学说史学会首任会长,中国《资本论》研究会名誉会长,北京经济学总会名誉会长,新中国马克思主义政治经济学的奠基人,中国经济学界的宗师。

宋涛原名侯锡九,1914 年 12 月 5 日,出生在安徽省利辛县一个普通的农民家庭里。那么,他后来为什么要改名"宋涛"呢? 这和他接受文化知识后产生强烈的爱国之情是分不开的。

因为出生在农村,宋涛也跟当时其他在农村孩子一样,从很小的时候就开始做农活,割草,喂牲口,成了家里大人的一个好帮手。他 8 岁时开始念私塾,用 6 年时间,学习了《三字经》《百家姓》及四书五经等文化典籍。1931 年,在他 17 岁时,他开始感受到国家的危机,他说:"九一八事变,日本人把东三省侵占了,这引起我思想上的震动。老师组织我们上街游行,自己也深感落后就要挨打。"

1936 年,宋涛考入安庆圣保罗中学读高中,这是一家反帝爱国传统浓厚的学校,创办《鸡鸣》杂志,组织"山岚"文学社,"左联"安徽分盟社刊《百灵》也在校园传播,在这里宋涛结识了一些进步青年,并第一次接触到马克思经济理论,他反复阅读《论持久战》,折服于毛泽东深邃而科学的洞察力,无论是在抗战宣传还是在集训讨论会上，他都宣讲着"中国必胜"的道理。

宋涛这样解释自己名字的来历：1937年暑假结束，他在返校安庆圣保罗中学的路上，听到因"七七事变"爆发，学校被迫停课的消息后，他参加了安徽的战地服务团，从此投身于抗日救亡运动。第二年，他加入新四军，支队政委要求新加入的人员改名字。他说："我们几个刚参军的同学在一片松林里想着如何起名，风吹动松林发出波涛般的声音，我就把自己的名字改为侯松涛。报上去后，政委把我的姓去掉，又把'松'改成了'宋'，从此我就叫宋涛了。"

从此"宋涛"成了侯锡九的新名字，"松涛"也成了他一生的光辉写照。

1939年春天，宋涛来到革命圣地延安，那里既是红军长征胜利的落脚点，也是建立抗日民族统一战线、赢得抗日战争胜利、进而夺取全国胜利的解放战争的出发点。在那里，宋涛相继进入陕北公学、鲁迅艺术学院、延安工人学校学习，后来安吴堡战时青年训练班联合组成的华北联合大学在延安成立，宋涛随全校师生一起辗转迁往晋察冀边区，毕业后被分配到晋察冀四中教书，先后教授社会发展史、中国历史、政治等课程。

在教学与研究过程中，宋涛阅读了大量经济理论书籍，为日后从事经济学研究打下了扎实的理论功底。抗战胜利后，宋涛担任华北联大经济系主任。新中国成立后，宋涛随华北大学进驻北京，经历了华北联大改建为中国人民大学的全过程，并被任命为中国人民大学经济系主任。

上世纪50年代，上级有意调宋涛出任某大学校长，但是他谢辞了；让他出任教育部某司司长，他也推辞了，他说："只愿继续在学校从事教学与研究工作。"

"不唯上、不媚俗、不追风。"这是经常挂在宋涛嘴边的一句话。他是这么说的，也是这么做的。1957年"反右"高潮时，"海归"被当作"另类"对待，但宋涛却敢于把从美国回来的经济学人才吴大琨和高鸿业引进来，设立世界经济教研室和世界经济专业。他说："我认为，搞政治经济学的不能不懂西方经济学，政治经济学要联系国内实际，也要联系世界的实际。"

"大跃进"时期，宋涛发表了一系列论文，从理论和实践上阐明了社会主义阶段存在商品货币关系和价值规律的必然性,他也因此被下放到江西农村"接受改造",白天干活,晚上挨斗,但他始终没有放弃对经济学的研究。

改革开放以后,宋涛迎来了他学术生涯的又一个黄金时期,在股份制、税利分流、税后承包、组建企业集团、转变政府职能等领域,提出了一系列卓有成效的见解。由他主编的《政治经济学教程》等多部教材,被全国高校广为使用。

理论联系实际是宋涛同志的一贯品格,他敢言直谏,追求真理。从1980年起,他历任国务院学位委员会第一届和第二届经济学科评议组召集人、中国社会科学院经济研究所学术委员会委员、北京市经济学总会会长、中国经济学团体联合会执行主席兼党组书记、中国《资本论》研究会会长、全国马克思主义列宁主义经济学说史学会会长等职,这一时期他还受命创办经济科学出版社,并先后创办《经济理论与经济管理》、《当代经济研究》等有重要学术影响的刊物。1986年至2006年,宋涛同志一直担任教育部倡导和组织的全国高校社会主义经济理论与实践研讨会的召集人,团结和凝聚了全国高校的老中青学者,推动和促进了中国经济学的繁荣与发展。

宋涛在马克思主义政治经济学教学和研究、宣传和普及、以及学科建设和发展方面作出了开拓性贡献,为新中国培养了一代又一代建设者和经济学人才,为社会主义现代化建设和改革开放提出了许多重要的理论观点和政策建议,为新中国马克思主义政治经济学的发展付出了毕生心血。在长期担任中国人民大学经济系主任期间,宋涛积极探索中国特色的经济学教育和人才培养模式,为把中国人民大学经济学科建设成"人民满意,世界一流"的学科,建设成为全国重要的马克思主义经济学教学和研究基地,国家重要的经济决策咨询中心和学术交流平台,发挥了关键性的作用。

"只要活着,我就一定努力工作。"这是宋涛的志向,的确,在耄耋之年他仍坚持为博士生上课。为奖掖经济学后进,一生清贫的他捐出10万元稿费设立基金,他是经济学界的楷模和骄傲!

逐梦箴言

他是中国共产党久经考验的忠诚的共产主义战士。他知识渊博，造诣精深，治学严谨，成果卓著，对马克思主义政治经济学在中国的传播、普及和发展作出了重大贡献；他作为我国著名的经济学家，不唯书、不唯上、不媚俗、不追风，崇奉实事求是，为探索中国特色的经济学教学和人才培养模式奠定了基础，为改革开放和社会主义现代化建设作出了重要贡献。

知识链接

西方经济学

西方经济学是指流行于西欧北美资本主义发达国家的经济理论和政策主张，被称为"社会科学之王"。另外，《西方经济学》是我国高等院校财经类和管理类专业必开的一门专业基础课。

税利分流

税利分流：就是企业将盈利的一部分以税收的形式上交国家，税后利润留给企业。

智慧心语

实际上，没有一种社会形态能够阻止社会所支配的劳动时间以这种或那种方式调整生产。

——马克思

经常地、自觉保持平衡，实际上就是计划性。

——列宁

计划经济不等于社会主义，资本主义也有计划。

——邓小平

我们时代的中心问题，最后很可能是世界如何对待不断扩大的人口数量。

—— 杰姆斯·格拉斯

如果有机会向总理建言，我一定要说"三个不要轻言"，不要轻言经济过热，不要轻言房地产泡沫，也不要轻言人民币升值。中国现代化的标志是北大教授拥有轿车和别墅。

——萧灼基

第五章

用理想点亮人生的灯塔

理想是灯塔，没有理想人生就没有明确的方向，一个人追求的目标越高，他的能力发展得越快。人有了自己的理想之后，就会有自觉前进的动力，就会在行动中产生一种强烈的意志和情感，这种意志和情感，就会变成一个人进行有计划实践的一种强大的力量源泉，并为之奋斗、为之拼搏。

关注"中国问题"的经济学家

——樊纲

2008 年 5 月,为了应对全球范围内的金融危机,中国政府成立了货币政策委员会,经济学博士,国家级有突出贡献的中青年专家,主要学术专长是理论经济学,长期从事经济学研究的樊纲被任命为委员,因其他委员皆为财经部门的副部级官员,而樊纲作为该委员会中唯一的专家,非常引人注目。

樊纲 1953 年 9 月出生在北京一个知识分子家庭里,他的父母都是解放前大学毕业的建筑师,家里经济状况一直很好,这给樊纲打下了一个良好的文化基础。可是好景不长,1957 年,在樊纲 4 岁那年,他父亲被划为"右派",三个叔叔、伯父中有两个也是"右派","文革"中还有一人被定为"特务嫌疑"。这种家庭出身后来成为樊纲的"包袱",将他一下子抛入社会最底层,让他的童年比别人多一些"灰色记忆"。

樊纲的小学时代,在他最该读书学习的时候,也因为"文化大革命"受到影响,通过小学六年级的毕业考试一年半后,"就近分配"进了一所中学,又一年半后就"初中毕业"了。其实当时没上过什么文化课,数学学到了正负数,英语学了一句"毛主席万岁",英文字母刚学到第八个"H",然后就是知识青年上山下乡。

那时,樊纲因为家里父母的"特殊身份",决定了什么事情他都排在后面:不能参军、不能作为工农兵上大学。1969 年,在他 16 岁时,在那场席卷全国的上山下乡运动中,他来到了北大荒建设兵团。在那里"家庭问题"依然与他形影不离,由于他喜欢写文章,又有几分文采,领导几次想让他做秘书、"报道员"之类的工作,但几次"政审",外调材料一来就告吹,结果只是"档案袋"越来越厚,工作始终没有调成。

其实,从小在城市里长大的樊纲,从小是有一份对农村向往的情结的。可是自从来到北大荒建设兵团后,因为"政审",让他少年的心里滋生了一种莫名的哀愁,尽管那里有绿树青山、小河流水、袅袅炊烟,那里的风景有着原始的野性美,但是他总是感觉看不到路的尽头。

没有办法,社会的动荡变化和自身命运的跌宕起伏,促使樊纲从书籍和实践中去求解这些问题。这时,他读到了《创造十年》,这本书是郭沫若20世纪30年代初完成的一部回忆录,内容涉及1918年至1923年间创造社的酝酿、策划到现身文坛的重要过程,书中讲了郭沫若、郁达夫一批浪漫而激烈的"创造社"的热血青年在广阔的社会大舞台上纵横驰骋的故事。这本书给了樊纲巨大的精神支持,也让他在朦胧中看到了希望。

接下来,樊纲又如饥似渴地读了《六次危机》,书作者尼克松在这本自传性的书里透露,他在美国杜克大学法学院4年期间,主要是研修几千个案例,结果他出校门后当律师,什么案子都能打,援引相关法律条款、解析诉讼程序没有一点困难。樊纲用两个晚上的时间读完了这本书,当他从书中的世界中、从那些惊心动魄的故事中回到现实时,不由得幻想到自己的未来,让他认识到如果没有扎实的知识,或许一辈子都难以看到外面的世界。

于是,他在能力范围内找到了两本对他日后产生深远意义的两本书,一本是《辩证唯物主义与历史唯物主义》,另一本是《政治经济学教科书》,通过对这两本书的系统阅读,使他第一次认真思考哲学和经济学的关系。

为什么读经济学方面的书,他说:"我对经济学的兴趣就是从这时开始产生的,又因为当时兵团的经济状况日益恶化,让我认识到在人文社会科学诸学科中经济学是更有实用价值的知识。"

当年,这两本书给樊纲带来的,更多的是支持与鼓励,让他在北大荒建设兵团里坚持又坚持,学习又学习。

1975 年初传达毛主席指示,批判"资产阶级法权",樊纲被派到师部参加一个理论学习班,学习《哥达纲领批判》。在一个相当抽象的理论概念问题上,樊纲不同意辅导员对"原著"的理解,并在小组讨论时讲了自己的看法。发言第二天,这件事情便被上升为一个"政治事件"。团里带队的一位团部首长"政治警惕性"非常高地在学习班领导小组会议上指出,这是"右派子弟"借机干扰学习马列,矛盾指向上级领导。

这次的"政治事件"的结果是,樊纲被"转插"到河北围场县,离开了已经工作和生活了 6 年的黑龙江。

1977 年由于文化大革命的冲击而中断了 10 年的中国高考制度得以恢复,中国由此重新迎来了尊重知识、尊重人才的春天。1978 年,樊纲考入河北大学经济系,1982 年,他又考入中国社会科学院研究生系主攻西方经济学,从此他迎来了生命的春天。

在樊纲看来,经济学就是研究如何趋利避害、如何用最少的投入获得最大的收益的一门科学。它可以用来解释一切行为与现象,甚至包括形而上的道德范畴,比如诚实。他说:"社会提倡诚实,不仅仅因为它是一种美好的品质,还因为如果一个社会的运行是建立在每一个公民都诚实的基础之上,这个社会的运行成本将是最低的。"

作为一名经济学家,樊纲的主要研究领域为宏观经济学、制度经济学暨"过渡经济学"。他曾主持多项国家社会科学基金、中国经济改革研究基金会等机构资助的科研项目以及国际机构、国际合作科研项目。受政府委托进行研究并就各种经济政策问题向政府各部门、各地方政府提供咨询、建议,他在国内担任多种社会职务之外。被世界银行等国际组织聘为经济顾问,应邀到许多国家讲学访问、参加学术会议与合作研究,在国际经济学刊物上发表英文论文多篇。他的有关中国经济问题的论点经常被国内报刊杂志、电视传媒所引用。

中国经济体制改革研究基金会的一位人士评价说:"有着哈佛教育背景的樊纲,对中国宏观经济有比较深的、系统的研究,目前中国经济运行遇到的挑战日益加剧，决策层需要樊纲这样的学者能给出独立、有见解的建议。"

一位央行现任货币政策委员评价说："樊纲是中国学者中最早对西方经济学与马克思主义经济学的关系进行系统分析、对历史上的一些争论进行系统清理的经济学家。"

对于自己的任命，樊纲解释说："自己是一个比较均衡、比较专一的人，一定会对得起新角色赋予自己的使命。"

樊纲在经济学领域取得了卓越的成就，他在 1991 年和 2005 年，两次获得孙冶方经济学优秀论文奖；1992 年，被破格晋升为中国社会科学院研究员，被评为国家级有突出贡献的中青年专家；1993 年，成为中国社会科学界最年轻的博士生导师之一；2004 年被法国奥弗涅大学授予名誉博士。

作为宏观经济学家，樊纲在处理经济问题时却比不少知名的研究微观的经济学家还有经济学原则。国研中心金融所副所长巴曙松对樊纲很推崇，称赞他说："他处理宏观问题简单清晰，微观的价格原则如影随形。"钟朋荣、樊纲、魏杰、刘伟并称经济学"京城四少"，也获得关注"中国问题"的经济学家、中国最优秀的经济学家等美誉。

逐梦箴言

他沉浸书斋数十年后厚积薄发，成为中国经济学界的翘楚；他精明干练，作为一位学者，他把真话讲出来，把现实摆出来，让公众和政府做好思想准备，是现代经济学在中国出色的理论阐释者；他精益求精，他的政策建议往往具有很强的前瞻性和预见性，是最早对中国经济过热发出预警的经济学家之一，他让现代经济学在中国开出奇葩。

知识链接

金融危机

金融危机又称金融风暴，是指一个国家或几个国家与地区的全部或大部分金融指标（如：短期利率、货币资产、证券、房地产、土地价格、商业破产数和金融机构倒闭数）的急剧、短暂和超周期的恶化。

过渡经济学

过渡经济学是伴随 20 世纪 80 年代末以来社会主义世界计划经济的消解、市场经济逐步形成这一过程而发展起来的一门经济学科。过渡经济学试图理解和解释近 20 年来世界范围内兴起并正在进行的经济体制变迁。这是一门带有研究性质的学科，主要研究经济体制比较的基础，计划经济体制的失败，市场化改革的方法及其前景。

历史误会成就的经济学家
——钟朋荣

在经济学领域,他与樊纲、魏杰、刘伟并称经济学"京城四少",他的名字叫钟朋荣,著有《百条治国大计》、《宏观经济论》、《中国通货膨胀研究》、《中国涨价风波》、《十年经济改革》、《钟朋荣集》、《解开中国改革的联立方程》、《跨世纪难题》、《三角债》、《中国金融新现象剖析》、《财政金融论》、《民富论》、《中国企业留神十大陷阱》、《网络时代重构中国经济》、《国策论》、《中国企业为谁而办》、《勤劳人的经济学》、《经济学实话》等论著。

就是这样一位成绩卓越的经济学家,谁能想到却是一个历史的误会,让他成了一位经济学家。

钟朋荣 1954 年 5 月出生于湖北省浠水县。浠水县位于大别山南麓,在湖北东部,是著名爱国诗人、学者、民主斗士闻一多的故乡,也是董必武、徐向前、刘伯承、邓小平、李先念等老一辈无产阶级革命家生活和战斗过的地方。那里山川秀美,风景如画,有"天下第三泉",有被誉为"佛教圣地"的斗方山禅寺,已被国家列为爱国主义教育基地。

钟朋荣说:"我老家在浠水县巴河区和平乡,小时候边读书,边干农活。因身体瘦弱,挑、扛之类的重体力活很吃力,特别是每年冬天修长江大堤,是最辛苦的事情,每天从早到晚,每天十多个小时都在江堤上,因为还没有成年,挑一大担土非常吃力。"

的确,在钟朋荣童年的记忆里,劳动是永恒的主题,而在钟朋荣少年时,那里由于"文革风暴",让他虽出生在这片"人杰地灵"的地方,却不能认真读书学习，在那不太安定的时代，那时的学习环境是可想而知的。从初中到高中，钟朋荣是断断续续地读下来的。其间，既有"罢课闹革命"，也有"复课闹革命"。但是，即使是在这样的环境里，也没有影响他对学习的激情。钟朋荣说："我对数理化很感兴趣，我的数学成绩在学校还是冒尖的。那时的我好像对什么都有热情，浑身是劲，碰到什么学什么。出于兴趣，我自学起了绘画，而且画得很好。"

由于喜爱画画，又画得出色，让钟朋荣的命运有了转机，他说："当时学校的宣传画都是由我画，巴河镇街上的大幅毛主席像和大幅宣传画都是我画的。我们高中同学，凡是农村的同学，大部分都在农村没有出来。"画画在他人生中起了重要作用，因为会画画，高中毕业后钟朋荣就被安排到民办小学当老师。

一次，公社党委书记了解到钟朋荣生活周围很多地方的毛主席巨幅画像都是他画的。这位书记认为他是可塑的人才，就把他调到公社做了秘书。后来，他又在区里当了民政干事，这样就使得钟朋荣可以对当地的经济和社会有更透彻的了解。后来，他到县政府里任民政干事，干了两年。在这期间，他骑自行车跑遍了浠水县所有的自然村，而且他的写作水平和单独处理问题的能力都得到了锻炼。

由于出色的表现，1976 年 22 岁的钟朋荣被推荐到湖北省外贸学校学习，两年后，又因成绩优异，被提前留校做了教师。从 1979 年 3 月开始，钟朋荣在《江汉论坛》《湖北日报》上发表文章，1987 年 12 月，钟朋荣在《经济日报》发了两篇关于投资问题的文章——《按商品经济的要求改革投资体制》和《投资体制改革面临重大选择》。这两篇文章发表后，在社会上引起较大反响。

也正是这两篇文章的发表彻底改变了他的生活。《经济日报》在第二篇文章发表时，破例加了一个很重要的编者按："本文作者系中南财经大学经济研究所研究生。他撰写的题为《按商品经济的要求改革投资体制》的文章（发表在 1987 年 12 月 8 日本报第三版），颇有见地，受到好评。作者今天的这篇文章，对上文的思路作了具体的分析和补充。"让人没想到的是这两篇文章引起了当时中央书记处领导的注意，经过谈话考核，他被借调到了北京，开始了他在中南海的生活。他说："那位中央领导带着被他圈圈点点的这两篇文章，专程到武汉来找我谈话。三个月后，在这位中央领导同志的引荐下，我来到中南海中央办公厅工作，先是与经济学家林子力等一起，参加价格改革方案的起草。课题完成后，就被留在中共中央办公厅调研室工作。主要工作是进行一些政策的调研和文稿的起草。"这样，让钟朋荣自己也没有想到的是，当年在基层他无心插柳的学习和实践，却让他走上了经济学的道路。正是由于这种历史造成的误会，他钟朋荣踏上了经济学的道路。然而，现在看来这个误会是美丽的，正是有了这个误会，让中国多了一名优秀的经济学家。

在中南海工作5年后，1992年至1993年间，钟朋荣遇到了对他影响较大的三件事：第一件事，参与整理邓小平南巡讲话，他主要整理的是经济部分；第二件事，1992年7月与中办调研室主任陈进玉合写了一篇《社会主义也要搞市场经济》的文章，该文公开、系统地提出在中国要发展市场经济。从此，全国公开展开了关于市场经济讨论。第三件事就是机关干部和文人"下海"现象的出现。

这时，钟朋荣也面临三个选择：一是到大学当教授或到社科院当研究员，二是在政府当官员，三是下海经商。那时，钟朋荣从乡政府到中央政府，在四级政府部门都工作过。他说："在中办期间，不少工作是直接与中央领导打交道。从实践中，我感到自己不适合做官，或者说自己对做官没有兴趣。因此，首先放弃了官道。"

著名经济学家茅于轼在谈到钟朋荣时这样评价说："钟朋荣是一位很有成就的金融专家。"由于钟朋荣参与过中央一系列重要政策的制定和文稿的起草，让他对我国宏观经济情况和政府运作机制有比较透彻的了解。于是，他成了北京视野咨询中心主任和创始人，在他带领下，北京视野咨询中心从1993年最初的默默无闻，到现在取得了丰硕的成果，他谙熟投资，被人称为"钟投资"，已经为诸多的企业和城市制定了发展规划，他成了中国优秀的经济学家之一。

逐梦箴言

是历史的误会，让他成了一位优秀的经济学家，他的经历是传奇的。在浠水做农民时，他在田间地头的劳动中，获得了人生最宝贵的经验，让他经过数十年的努力，在而立之年打下一生经济学基本功，他成了中南海的经济智囊高参，而后又弃官下海从官方智囊到民间智库，他弃政从商，实现商路与研究的完美结合。

知识链接

三角债

"三角债"是人们对企业之间超过托收承付期或约定付款期应当付而未付的拖欠货款的俗称，是企业之间拖欠货款所形成的连锁债务关系。通常由甲企业欠乙企业的债，乙企业欠丙企业的债，丙企业又欠甲企业的债以及与此类似的债务关系构成。企业之间的资金拖欠若波及面太广，规模过大，则会严重影响企业生产经营的正常进行，同时也会冲击银行信贷计划的执行。

商品经济

商品经济是"自然经济"的对称，是商品的生产、交换、出售的总和。商品经济是指直接以交换为目的的经济形式，包括商品生产和商品交换。商品经济最早产生于第二次社会分工即手工业从农业中分离并进一步扩大，在第三次社会大分工时出现了商品经济的重要媒介商人。当商品经济不断发展，商品之间的交换主要由市场调配时，这种社会化，由市场进行资源调配的商品经济就是市场经济。市场经济是商品经济发展的高级阶段。

励志人生好职业

先思一步的经济学家

——魏杰

他叫魏杰,与其他三名经济学家一起成为了中国经济学界中的"黑马",被誉为"中国经济学四小龙"、"京城四少"之一。他是我国著名经济学家,经济学博士。清华大学中国经济研究中心常务副主任,清华大学经济管理学院教授,博士生导师。曾任中国人民大学经济系主任等职,兼任全国 13个省市经济顾问、15 家企业经济顾问、7 家上市公司独立董事,1991 年被评为国家级有突出贡献的中青年专家,1992 年成为中国最年轻的博导之一,1993 年在经济学界第一个提出中央银行与专业银行彻底分开的治理金融秩序建议。又因其学术思想一直超出我国经济改革实践一截,而获"先思一步的经济学家"称誉,被业界称为"魏指点"。

魏杰 1952 年 10 月生于西安市西郊的西江渡村,他的祖籍在山东烟台,是一个声望颇高的世医家庭,可是魏杰的爷爷却是一个"瘾君子",医道虽好,但是要支付的大烟费也很高昂,使家里的生活水平骤然下降。特别是他爷爷在为一个国民党的官太太治病的时候,不慎发生了医疗事故,没办法,只好背井离乡,躲到西安市西边的一个名为西江渡的小村子,也就是魏杰出生的地方。

"逃难"中的爷爷不敢再从医,一家人的生活更加拮据,遭此变故,所以魏杰的父亲从小就没有机会去上学,7 岁开始就到富人家放牛打零工,5 年后成为长工。后来,魏杰就在这个贫穷的家里出生了。可是他比父亲幸运,在他 6 岁时,他就开始在一个"四面透风、不时漏雨"的神庙里读小学。他说："神庙里没有桌子，由每个家长负责为自己的小孩用土坯垒成一个小土桌。神庙里也没有凳子，学生必须自己带。有风四面透，有雨时时漏。条件如此艰苦，有很多小孩不能读完小学。"

上学后，父亲对魏杰说："我们这样的农民家庭，要摆脱贫穷，只有好好上学，别无出路。"魏杰把这些话记在心里，落实在行动上。即使在拼死累活的极苦岁月里，在读书无用论的喧嚣中，读书仍然是他的爱好和主要业余生活。

在魏杰小时，家里实在太穷，他刚刚能够从事一点体力劳动，就需要帮助父母干活，甚至几次因为"穷"而中断上学，后来他说："我能读到小学毕业，真是万幸。"

小学毕业后，魏杰考上了沛西中学。那时他不是一个吃不饱的学生，他说："学校的食堂，是不属于我的。我每星期天下午去学校时，带上 3 天干粮和一些咸菜，每顿饭就是干粮——包谷面掺少许白面做的粗粮粑粑加咸菜，再喝学校免费提供的开水。周三下午再回到 15 里以外的家，取些能够维持到周六的'又硬又难吃'干粮和咸菜。"

在这种艰难中，坚持读到了初中二年级，文化大革命又开始了，学校停课了，魏杰就"名正言顺"回到家里帮父亲挣工分。他说："那时全国'左'风盛行，生活极为艰苦，我们一天累死累活，也只能挣到值 7 分钱的工分。生活虽苦，但我却没有停止自己的幻想，总想着有一天会考上大学，因此，劳作以外的绝大部分时间都用来读书了。"

1970 年 9 月农村开始恢复高中制度，魏杰以工农兵学员身份又上高中读了两年。高中毕业前夕，他为自己准备了一套崭新的农具，准备一辈子当农民。可巧的是那一年，西安市要求每个中学选拔一名优秀学生到西安师专上学，毕业后分到中学充实师资。魏杰作为所在中学最好的学生，1972 年被选到西安师专读大学。

魏杰在西安师专学习时，全国经济仍很紧张，学生补贴的生活费实在太少，只能 8 个人吃一份饭。魏杰当时个子已经长到 1.81 米，况且一个 20 岁的小伙子正在长身体，可是却老要饿肚子。那时，他最盼望的日子是星期天。因为一到周末 8 个同学中的 6 个城里孩子回家,他就可以和另外一个农村学生饱食。6 天的饥饿后,有了一天暴食的无规律生活,最终使魏杰得了肠梗阻,动手术,伤口感染,让他痛上加痛。

这种"吃不饱"的感觉一直持续 1978 年,那一年魏杰参加了第一届高考,并进入西北大学经济系。因为工龄不到五年,他只能拿 15 元的生活补贴,无法维持生活,恰逢 1979 年研究生也恢复招生,魏杰就在大二的时候考上了研究生,生活补贴比原来高 4 倍,他终于能吃饱了。但读书做学问对于魏杰来说,就像吃饭,也总是"吃不饱"。他说:"我上学从来没有什么伟大的理想,我努力学习的目的不像伟人那样,是为了振兴中华,而是为了改变自己贫穷处境,就是要改变自己的生存条件。为自己自强不息,取得成绩,社会认可你,就是为国家做贡献。"

1981 年魏杰研究生毕业留校任教,那一年,他与导师合作出版了《价值学说史》。那时,他的研究的方向偏向于宏观经济研究,为了学习和掌握更多更深刻的知识和领域,考进了当时经济学研究最强的中国人民大学经济学所攻读博士。博士毕业后,魏杰东渡日本,进修一年。1988 年魏杰被破格升为人民大学副教授;1991 年破格升为教授;1992 年 41 岁的魏杰成为当时中国最年轻的经济学博士生导师。在人民大学期间,魏杰还担任过经济研究所所长、经济系主任等职,后来,进入了清华经管学院任教。

魏杰说:"我们这一代经济学家,是靠自己努力起来的。我们出身于农村的孩子,没有任何背景,没有任何的社会关系。这么多人,为什么冒出来你? 就是这样,自强不息,干自己该干的事。"

问及治学的秘诀,魏杰说:"没有! 就像一个作家不可能教你怎样写作一样,经济学的研究只能靠自己去领悟,治学是一个'通'与'不通'的问题,学问不是讲出来的,是天赋领悟到了就通了。所以教育只具有开发功能。这样一来,选对职业就很重要。不过抽象思维能力对成为一个经济学家至关重要。"

从小在农村长大的魏杰,经历过的艰辛,使他对中国经济改革很有自觉性,对改革开放也是一往情深。他的研究方向发生了改变:1979 年开始研究宏观经济,研究最基本的经济制度;1996年到国资局研究所后研究国有资产问题;进入清华大学后,开始潜心关注企业问题。

无论是从理论研究到政策研究,还是从政策研究到实证研究,魏杰总是站在领域的最前沿,发出自己敏锐而独特的声音。媒体记者常用诸如此类的词语来形容魏杰:快人快语常有惊人之语,力排众议,谈锋健锐。即使在一些日常生活中的问题,魏杰也常常"语出惊人"。

逐梦箴言

作为经济理论界的先锋人物,作为多年为建立市场经济体制而摇旗呐喊的学者,作为中国经济理论界的探索者,不变的是他敏锐和独特;勤奋善良是他一生的哲学,他作为从西安农村走出来的著名经济学家,用他在中国经济学领域独特的影响力,诠释了"勤奋努力、与人为善"这种平凡人生哲学的非凡力量。

知识链接

经济制度

经济制度是指国家的统治阶级为了反映在社会中占统治地位的生产关系的发展要求,建立、维护和发展有利于其政治统治的经济秩序,而确认或创设的各种有关经济问题的规则和措施的总称。

国有资产

国有资产是法律上确定为国家所有并能为国家提供经济和社会效益的各种经济资源的总和。就是属于国家所有的一切财产和财产权利的总称。国家属于历史范畴,因而国有资产也是随着国家的产生而形成和发展的。在现实经济生活中,"国有资产"概念有广义和狭义两种不同理解。

以科学精神塑造学术
■ 品格的经济学家 ——刘伟

大凡成功的人，总是有他们的过人之处，从智力上而言，多数人都是属于正常范围；从体力上而言，健康的人也不会有十分巨大的差别，工作不同造就了智力工作或者体力劳动者，之所以成为什么人主要在于各人的选择。艰苦的环境，大部分人想到的是放弃，而没有放弃的人当时付出了很多人不理解的辛劳，但是日后他们获得的是更好的改善生活的机会和能力。著名经济学家的人生之路，就验证"天将降大任于斯人也，必先苦其心志，劳其筋骨，饿其体肤"的道理。

刘伟说："我不是一个不同于'凡人'的人，也是凡人，需要一个正常的生活，过平静幸福的日子，所有的选择是个人取向上的正确方向，作为一个人，我有着常人的心态和道德水准。学术是我的工作，我是一个教授，一个做学问的人，做好学术研究是我的责任和义务，国家因此付了我工资，我应该把分内的事情做好。做一件事情，当你看到你的努力最终获得一定的认可和对众人有益的时候，你会爱上这件事，因此，我爱我的事业、我的研究。"

刘伟，在中国经济学界有"小龙"的美称，又与其他三位经济学家被称为"中国经济学四小龙"。然而，功成名就后的刘伟依然以与世无争的心态低调行事，谦恭和蔼、朴实真诚，成了"京城四少"被媒体曝光率最低的一个。

1957年春天，刘伟出生在河南省商丘县的一个贫穷的地方，他的父亲是一位为共和国贡献了大半辈子的军人，他脑袋里还留存着一颗子弹以及失明的一只眼睛,仍能形象地刻画出战争年代的痕迹,他是少年刘伟崇拜的大英雄。

其实,刘伟的父亲7岁就丧母,父亲加入闯关东的大军后便一直杳无音信,使他从小就成了一名孤儿,是吃百家饭长大的穷苦孩。16岁时参加了八路军。"文革"期间,深受迫害,被下放到北大荒劳动,他们的家也随着他父亲角色转换频繁搬迁。

1969年的秋天,12岁的刘伟跟着父母在火车上颠簸三天三夜后来到北大荒。初到北大荒,广袤的原野、起伏的山峦以及幽深的原始森林在刘伟眼里都充满了神秘和好奇。他们在一个离原始森林只有20米远的茅草屋里安了家,他说:"那时,我们的全部家产除了仅有的行李和几件换洗的衣服外,就是两小箱子书。第一天入住的时候,父亲用玉米面和面粉熬了一锅糨糊,用旧报纸把茅草屋的墙糊得严严实实。"

把新家打扫完毕,12岁的刘伟跟随着父亲在这片黑土地上开始了劳作的生活,他也像大人般抢起锄头开荒种地,日出而作,日落而息。

到了晚上,北大荒寒冷让人可怕,来到北大荒的第一个晚上,刘伟蜷缩在父亲的怀里瑟瑟发抖,草屋外面刮着五六级的大风,父亲精心糊在墙上的报纸根本抵挡不了大风的侵袭,那天夜里,刘伟被冻得一夜未眠。

到了冬天,风刮在脸上如同小刀子在刮划,但是刘伟却非常盼望冬天来临。因为冬天一到,他便可以和伙伴们去树林子里打狍子,扣鸟,用小箔子去扒柴火,用砍刀一根一根的砍小树,然后再整整齐齐地码成四四方方的柴禾垛,家里冬天取暖的柴禾基本就靠小刘伟码的一堆堆柴禾垛。另外,小刘伟在树林子里抓的狍子和野鸡也足以改善全家的伙食。特别是全家人在火炕上吃狍子肉的情景成了留在他记忆里最美好的回忆。

这样的日子维持到了第二年,刘伟在当地的一所中学上了初中,而那时,北大荒学生的课是不"正常"上的,他的中学时代绝大部分是在"玩"中度过的。可是刘伟是个早有准备的人,在动乱的年代里,学校虽然已经不能系统的学习上课,但刘伟从未放下过学习,在那个四处漏风的茅草屋里,藏满了各种图书,其中还有教科书。父亲虽然不是大知识分子,但父亲比较爱看书，在这种家庭氛围的熏陶下，天资聪慧的刘伟也继承了父亲的美德。

转眼间刘伟和父亲来北大荒已经8年多，这8年也是"文革"动乱中的8年，在这8年中刘伟"半工半读"念了初中又念高中，高中毕业后因为无学可上，他只好在田间劳动。1977年9月教育部在北京召开全国高等学校招生工作会议，决定恢复已经停止了10年的全国高等院校招生考试，以统一考试、择优录取的方式选拔人才上大学。正在田间劳作的刘伟听到队长传达这一消息时，他突然感觉人生的转折即将来临。

于是，在离高考只剩短短的一个月里，刘伟同许多有远大志向的青年放下锄头拿起课本，几乎通宵达旦地学习，在"文革"动乱中的几年间，刘伟这代人的高中基础极其薄弱，用刘伟自己的话形容："我们这代人（1957年左右出生）是童子功很差的学生。"

1977年11月的一天，刘伟背着锄头刚进家门，便接到消息说，公社打电话通知"你考上北大了，让你去取录取通知书。"听罢此消息，刘伟扔下锄头便往外跑，一路上飞奔至公社。从此，他成了北京大学经济系的一名学生，终于迎来自己生命的春天。

1978年刘伟到北京大学经济系学习时。他和身边的人一样，对经济学可以说是一无所知。那年底，中共十一届三中全会召开，中国开始了改革开放的进程，国家的工作重心转移到经济建设上来。顺应时代的发展和变化，经济学成为热门学科，经济学家有了用武之地。刘伟在政治经济学中的社会主义经济理论、制度经济学中的转轨经济理论、发展经济学中的产业结构演变、转型经济中的产权问题上，都很有建树，已在核心刊物上发表学术论文百余篇，出版学术著作多部。是主持教育部"七五计划"、"八五计划"、"九五计划"文科重点项目，独立负责教育部社科国家级基地重大项目，教育部招标课题"中国市场经济发展研究"的首席专家。

刘伟通过自己的努力，1996年得获"孙冶方经济科学"著作奖，并获得多项学术奖励，获得第二届、第三届教育部人文社会科学经济学二等奖，第四届、第七届北京市哲学社会科学成果一等奖，第五届、第六届北京市哲学社会科学成果二等奖和全国首届青年社会科学成果一等奖。

逐梦箴言

他拥着理智的思想，修身齐家的追求，炽烈的热情，理性的判断力，敏锐的洞察力，以及无私无畏的理论勇气，让他经历人生的艰辛岁月后，让他与经世济民的致用之学经济学结缘，让他学术硕果累累，让他在中国的经济学领域写下浓重的一笔，成了在国内乃至世界都享有很高声誉的经济学院的掌舵人。

知识链接

产业结构

产业结构是指各产业的构成及各产业之间的联系和比例关系。各产业部门的构成及相互之间的联系、比例关系不尽相同，对经济增长的贡献大小也不同。因此，把包括产业的构成、各产业之间的相互关系在内的结构特征概括为产业结构。

七五计划

1983 年，国务院着手组织"七五"计划的起草工作，1986年 3 月，经六届人大四次会议审议批准。这是我国社会主义计划经济史上第一次在一个新的五年计划刚刚起步的时候就制定出来的经济和社会发展计划。"七五"期间可以分为两个阶段，前一阶段从 1986 年到 1988 年 9 月，特点是经济发展持续过热，不稳定因素增加；后一阶段从 1988 年 9 月到 1990 年，为经济的治理整顿时期。

励志人生好职业

资产阶级社会的症结正是在于,对生产自始就不存在有意识的社会调节。合理的东西和自然必需的东西都只是作为盲目起作用的平均数而实现的。

——马克思

如果一个社会的运行是建立在每一个公民都诚实的基础之上,这个社会的运行成本将是最低的。

——樊纲

治穷先治懒,治懒必须逼,逼民先逼官。

——钟朋荣

中国老百姓的投资渠道只有三条:股市、楼市及存款,因此这三个渠道一定要稳定。

——魏杰

我把堵车看成是一个城市繁荣的标志,是一件值得欣喜的事情。如果一个城市没有堵车,那它的经济也可能凋零衰败。(1998 年特大)水灾刺激了需求,拉动增长,光水毁房屋就几百万间,所以水灾拉动中国经济增长 1.35%。

——刘伟

第六章

用信念铸就生命的辉煌

◦导读◦

　　在历史的长河中，多少志士仁人因信念而迸发生命的光芒。信念是支撑一个人渡过难关的精神支柱，是一个人执着追逐梦想的动力所在。信念是造就生命的奇迹的根源，用坚定的信念在自己心中树立起远大的目标吧，然后为目标不懈追求、矢志不渝的努力，相信"有志者，事竟成"，就一定能用信念指导生命，用责任铸就辉煌。

真实世界的经济学家

——周其仁

　　他叫周其仁,是我国著名制度经济学理论家,他以英国经济学家科斯企业合约理论为基础,系统阐述了人力资本产权理论。多年来他一直低调、踏实、严谨、超然地研究发生在中国改革进程中的经济问题,并在课堂内外阐释他的思考结果。作为一个经济学家,他超越了"为利益集团代言"的层次,他的理论具备了逻辑上的自恰性,为人们认识和理解改革的必要性以及改革路径提供了一个独立的经济视角。他有充足的影响力和实力亲近政商,但他却始终如一地刻意与政界、商界、媒体保持距离,他说:"电视台的聚光灯下,千万不能站,站了,就会给调研带来太多麻烦。"相比于许多"土洋结合,财富滚滚"的名流家庭,显得青濯独立。因此,他被称为执著于"真实世界"研究的经济学家。

　　1950 年 8 月 7 日,周其仁出生在上海,他父母都是专业人士,家境可算富裕。他 10 岁时到区少年宫学习美术,在那里他认识了不少家里经济条件不好的同学,他当年最要好的一位朋友叫胡顺华,文、数、字画都是奇才,但家里兄弟很多,父亲是位司机,薪水低,一人工作拉扯着住在棚户区的一大家子的生活。那时,周其仁认真访问过他的母亲,算来算去每月每人平均生活费只有 8 元人民币。他说:"顺华从来不坐公交车,都是走去走回。我妈妈管教孩子的准则是从不给零花钱,有什么合理需要,要提出来经过批准才拨款的。本来看画展的车资是合理需要,可是后来我就不申报了。妈妈问起，我说顺华走路，我也走路。"就这样，在困境里从小周其仁就不认命，有那股倔劲。

像所有那个时代的学生一样，1966 年周其仁初中毕业了，却因为一场突如其来的"文化大革命"失去了继续读书的机会。1968 年 12 月全国掀起知识青年上山下乡的高潮，作为一名知识青年，他被分配到黑龙江生产建设兵团进行劳动锻炼。

从上海来到黑龙江生产建设兵团后，周其仁先在农业连队劳动，后来被分到完达山里狩猎。据《山海经》记载，大荒中有座山，是太阳和月亮升起的地方。后来，人们把这座山誉名为完达山。"完达"为满语，意为"梯"，有攀登高峰之意，是座具有神话色彩的山脉。山里动植物资源丰富，有东北虎、黑熊、野猪、鹿、狍子等，是国家一类动物东北虎的主要栖息地。树木有 20 多科、100 多种，矿产资源也很丰富，但实际到了那里做了一名狩猎人之后，却不是那么"浪漫"的，因为在这里，在这深山老林里就周其仁和师傅两人，差不多所有的物品都要自给自足。

在完达山里狩猎，周其仁一待就是 7 年，他在这 7 年里，人生经历又多了几分传奇的色彩，但是最让他难忘的是在这里，只有初中基础的人，却"啃"完了《资本论》。

周其仁说："下乡后不久，父亲就开始不断从上海给他邮寄书刊。那时还是'文革'时代，就是新中国的出版物，绝大多数也成为非法，市面上的书少得可怜，可读的就更少了。没办法，父亲就把一部郭大力、王亚南翻译的《资本论》寄到了完达山。那本书很旧了，纸发黄，还是竖排本。翻译用的中文，与时下流行的中文又有很多不同。"

就这样，因为要读书，却没有书可读的时候，一本《资本论》陪伴了他的"孤独"岁月，也让周其仁在其中找到了生命的滋味。他说："我想马克思本人不会想到，他的著作会在 100 多年后被一个远离现代工业文明、在深山打猎的中国青年阅读，并为这个年轻人开启了接触西方思想文化的一丝门缝，带来了一个不同的参照系，使这个中国青年开始朦胧地打量自己所处的时代与社会。"

1973 年周其仁的父亲在上海买到了亚当·斯密的《国富论》,这是一本郭大力和王亚南翻译的书,当寄到完达山的深山里狩猎人窝棚的时候,那里还没有电灯,但周其仁却在这本书里看到了光明,他深深被这本书所吸引,让他慢慢知道了很多以前不明白的道理,他说:"分工水平才是理解经济现象包括富裕程度差别的一个关键。"

常言说,机会只给有准备的人。1978 年在周其仁下乡近 10 年的时候,机会来了,国家恢复了高考,他考上入了中国人民大学经济系。大学毕业后,他曾先后在中国社会科学院和国务院农村发展中心工作,由于长年对农村生活的体验,他把研究方向集中在农村问题上,主要为中央制定农村经济政策提供中长期背景研究。1989 年,他游学美国后回国任教,

在北大校园,谈到周其仁教授,学生们通常用"奇"字来形容,一个是讲课效果的神奇,不论是专题演讲还是必修选修课目,他的课堂自始至终一定是人满为患,教室的过道里是席地而坐的,教室后面是站着听完一堂课的。他开朗达观的精神气质、对真实世界的真切关注感染着每一个人,同学们感受到的不是冰冷枯燥的数字,而是生动鲜明的生活,同学们乐于和他分享自己的所思所想;第二"奇"是建树奇。他在一家经济类周报开辟"挑灯看剑"的经济时评专栏,后来集结成书,观点独树一帜、批评一针见血。因此被称为"周奇人"。

1996 年以来周其仁为北京大学和浙江大学相继开设了有关经济组织和经济制度,发展经济学,新制度经济学等课程。1997 年被评为"北京大学最受同学欢迎的老师"。1999 年后,为北京大学国际 MBA 开设"中国商务活动的制度环境"课程。

英国经济学家科斯是周其仁喜欢的一个经济学家。作为真实世界的一个经济学家,他以一个猎人的耐心和敏锐,深入真实的经济生活,尝试着从企业、从农村,而不是从著作和书本中去寻求事物真实存在的理由和问题的答案。后来,他在国务院发展研究所工作,主要为中央制定农村经济政策提供中长期背景研究。其间专业研究领域包括农村和国民经济结构变化、土地制度和乡镇企业发展,从事农村经济调查,研究的题目包括土地

产权和承包合约、乡镇企业,以及农村经济和国民经济。

周其仁著有《农村变革与中国发展》、《收入是一连串事情》、《挑灯看剑》等专著,重要论文若干篇,获得孙冶方经济学奖等奖励。2011年荣获"第一财经金融价值榜"年度公共经济学家殊荣。

逐梦箴言

他曾是山林狩猎人,后来成为研究农村问题主力;他因妙语连珠,课讲得精彩,而成了学生眼中的"周奇人";他站在中国经济前沿时刻敏锐地感知着经济、迅速反应和思考,他做经济解释弄潮儿;他是中国高层经济智囊之一,用自己的研究和建言成为政府经济决策的参考和依据,在经济时代发出了自己的声音。

知识链接

经济政策

经济政策是国家或政府为了达到充分就业、价格水平稳定、经济快速增长、国际收支平衡等宏观经济政策的目标,为增进经济福利而制定的解决经济问题的指导原则和措施。

发展经济学

发展经济学,20世纪40年代后期在西方国家逐步形成的一门综合性经济学分支学科,是适应时代的需要兴起,在经济学的体系中逐渐形成的一门新兴学科,是主要研究贫困落后的农业国家或发展中国家如何实现工业化、摆脱贫困、走向富裕的经济学。

第一代经济学家的旗帜
——薛暮桥

他是亲身参与中国两个经济体制建设的中国经济学家,在中国现存的经济学家里,再没有人像他一样会对中国经济体制产生这样的影响,他的名字叫薛暮桥,是当代中国杰出经济学家,中国经济学界泰斗,首届中国经济学奖获得者,被誉为"市场经济拓荒者",是新中国第一代社会主义经济学家和高级经济官员之一。

1904 年 10 月 25 日,薛暮桥生于江苏无锡县礼社镇一个破落的地主家庭里,是个在清贫中长大的孩子。他原名叫薛雨林,家里有兄弟姐妹六人,父母亲仅仅靠开邮政代办点,做一些小生意,勉强维持一家人的生计。

薛暮桥从小天资聪慧,小学时学习成绩很好,尤其是数学成绩突出。1919 年,15 岁的薛暮桥正在省立第三师范学校读初二,一天,他接到了的噩耗:"爱面子的父亲在 50 岁生日的前几天,害怕债主逼债,悬梁自尽。"没办法,半年后,为了维持一家人的生活,他辍学到杭州铁路车站当练习生,学习会计。在这里薛暮桥凭借自己良好的数学基础,只用了 3 个月的时间就学完了原定 6 个月学完的会计业务,车站的老会计因为一直没有培养出能代替他的人,已经多年没有休假了,看见他掌握会计业务的速度又惊又喜,放心地把工作交给他休假去了。

由于薛暮桥勤奋好学,又有着过目不忘的记忆,他在会计工作岗位取得很大的进步,并很快成为杭州铁路车站里不可多得的人才和佼佼者。1924

年,20 岁的薛暮桥成了沪杭铁路车站中最年轻的站长。在铁路工作,让薛暮桥有机会接触结识了大量工人,也目睹了军阀祸国殃民的暴行,于是他投身于铁路工人运动。1927 年,薛暮桥加入了中国共产党。"四一二"政变后,他在杭州被捕入狱。

那时,薛暮桥和时任中共浙江省委书记张秋人关在甲监 5 号监狱。面对死亡判决,张依然每天坚持读书五六个小时。有一天,张秋人把书一扔:"怎么还不枪毙我?"

薛暮桥非常惊讶地问:"既然知道快死了,为什么每天还要读书?"

张秋人说:"我们活一天就要做一天革命工作,在牢里不能做革命工作,就要天天读书。

这句话对薛暮桥触动很大。后来在他的回忆录里,他写道:"这是终生难忘的教诲,我一生没有忘记他的教导。"从此,薛暮桥养成了心无旁骛的习惯。监狱里、禁闭室中,薛暮桥都置若无人,如醉如痴地沉浸在书本里。

1930 年三年的监狱生活结束了,在这特殊的三年里,薛暮桥学习了世界语、世界通史,但读的最多的是西方和苏联学者的政治经济学著作,这些为他后来成为"中国经济学界的泰斗"奠定了基础。

出狱后不久,薛暮桥幸运地遇到了经济学的启蒙老师陈翰笙。陈翰笙反对引经据典,反对不做调查研究、空谈理论,注重田野调查。经过一个月的调查后,薛暮桥发表了第一篇经济学调查报告:《江南农村衰落的一个缩影》。文章以家乡礼社镇的薛姓家族经济状况变迁为主线,揭示农村封建经济破产的必然。不久,该文被翻译到日本。抗战前夕,薛暮桥担任《中国农村》首任主编,刊登大量调查报告及论文,批评农村改良主义,论证变革土地制度的必要性。

1938 年至 1942 年,薛暮桥在新四军工作,任新四军教导总队训练处副处长,写了通俗著作《政治经济学》教科书,成为培训新四军干部的教材。中华人民共和国成立后,任政务院财经委员会秘书长兼私营企业局局长,国家统计局局长,国家计委副主任,全国物价委员会主任,国务院经济研究中心总干事。1955 年当选为中国科学院哲学社会科学学部委员。

薛暮桥是一个以思考为生活方式的人,工作时思考,写文章时思考,理发、散步时也在思考,就是在被批判、住牛棚时也不放弃思考。薛暮桥当年的秘书、中国保监会副主席李克穆对薛老惊人的记忆力叹为观止:"对解放区和新中国成立后各个时期的经济统计数据,薛老可以随口道出。"

薛暮桥是中国经济问题的专家。一位曾在英国攻读经济学的博士对福特基金会的美国人说:"你要想了解中国的经济问题,你就必须读薛暮桥的《中国社会主义经济问题研究》。他对中国经济问题的了解,完全来自于实际工作和不断的调查。"

在做学术研究时,薛暮桥不怕否定自己,当时代证明他的看法与现实相悖时,他就一次又一次的重新起步,重新思考。当然,思考的结果有变化也有执着,在变化和执著中他始终把握着分寸,这个分寸的界限就是最大多数中国人民的利益。他探索经济体制改革,提出了财税、金融、价格、外贸以及国有企业等体制改革的方案。《中国社会主义经济问题研究》一书中,对新中国经济建设历程进行了系统的总结和深刻的反思,成为中国经济体制改革的启蒙教材。他坚定地倡导和积极推动了经济体制的市场取向改革,对按照经济规律办事,加快实现四个现代化起了重要的促进作用。

逐梦箴言

他虽然只有初中文化水平,却通过自学成为中国经济学界的泰斗;他始终保持着独立思考的习惯,对事物从来都有着自己独立的见解和判断;他有着相当浓厚的民主思想,对很多问题的解决办法都带有明显的多元化倾向;他有着强烈的社会责任感,是举重若轻的战略家,他是利用自己的专业知识为国家和人民谋福利的实干家。

知识链接

市场经济

市场经济又称为自由市场经济或自由企业经济，是一种经济体系，在这种体系下产品和服务的生产及销售完全由自由市场的自由价格机制所引导，而不是像计划经济一般由国家所引导。市场经济也被用作资本主义的同义词。在市场经济里并没有一个中央协调的体制来指引其运作，但是在理论上，市场将会透过产品和服务的供给和需求产生复杂的相互作用，进而达成自我组织的效果。市场经济的支持者通常主张，人们所追求的私利其实是一个社会最好的利益。

经济规律

经济规律是社会经济发展过程中不以人们意志为转移的内在的、本质的、必然的联系和趋势，可依据其在一定经济条件下存在时间的长短而划分为共有经济规律和特有经济规律，是社会经济发展过程中不以人们的意志为转移的客观的内在的本质的必然的联系。

中国早期马克思主义的
■ 农村经济学家 ——陈翰笙

　　他一生经历了清朝帝制、北洋军阀、国民党统治以及中华人民共和国四个时代。他 25 岁时被蔡元培聘为北大历史系教授；1925 年经李大钊介绍加入国民党并且成为共产国际在中国的秘密情报人员；1926 年第一个用英文把自己亲历过的"三一八惨案"公诸于世。随后他在海内外做过 25 年的地下工作，先后编著中、英、德文著作近 300 种，他的专著和论文为美国 197 家大学图书馆所收藏。他是我国活着的年龄最高的知名人士、中国现在活着的最老的无产阶级革命家，他 108 岁时去世，是中国活的年龄最大的学者，他的名字叫陈翰笙。

　　陈翰笙是中国早期马克思主义的农村经济学家、社会学家、历史学家、社会活动家、卓越的国际活动家。他是 30 年代中国农村经济研究会的创始人。兴邦富国是他毕生志向，为新中国的建设尽心尽力，他科学地阐明中国农村半封建半殖民地社会性质，建立中国农村经济研究会创办《中国农村》杂志，担任工合国际委员会秘书促进战时工业合作运动……他被称为"当代经济学家之父"。

　　陈翰笙原名陈枢，1897 年 2 月 5 日出生在江苏省无锡县城。他的父亲陈浚，是前清生员，曾参加辛亥革命。陈翰笙小时候在无锡东林小学读书，后随父母到长沙居住，在爱国人士创办的明德中学读书，受同盟会会员、南社诗人、历史教师傅荣湘的思想影响很深。

　　1915 年在陈翰笙 18 岁时，他母亲看他才智过人，变卖首饰送他去美国深造。他先考入东北部马萨诸塞州赫门工读学校，一面学习，一面参加种菜、养鸡等劳动。1916 年考入洛杉矶珀玛拿大学，原想选读植物学科，因视力差看不清显微镜下的观察物，改学地质学，同样看不清地形地质图。一年后，接受导师的劝告，改学欧美历史，并协助导师阅卷，假期出校打工得点收入。

　　1920 年陈翰笙转入芝加哥大学研究生院任助教。他说："那时，俄国 10 月革命震撼世界，我很想找机会去看一看，便抓紧机会学俄文。这为他后来去第三国际工作准备了条件。"在芝加哥大学研究生院工作期间，陈翰笙以《五口通商茶叶贸易对中国经济的影响》为题，写成硕士论文，论述"五口通商"后，中国的茶叶主要由广州出口，而产地则分布在浙江、福建，从产地运到广州，主要靠人搬运，一般要由几批挑夫分段运输，在漫长的路途上，茶商、挑夫常年络绎不绝，因此，沿途的饮食业、旅店、商店和各种手工业也都迅速发展起来。论文一致获得好评，并授予他硕士学位。期间他还担任中国留美同学会的秘书长，编印《中国留美学生》季刊等一些社会活动。

　　1921 年冬天陈翰笙与他同在美国读书的同乡顾淑型结为夫妇，因在报上发现有和他的名字"陈枢"同名的人，就将自己的名字改为陈翰笙。他的妻子顾淑型与他志同道合，后来成为我国著名女摄影家。

　　1922 年春天陈翰笙得奖学金，有了他与妻子到波士顿哈佛大学学习东欧史的学费，可是那年秋天，因德国马克贬值，为使手中少量美元能维持夫妇俩较长时间的学习生活，没办法，他们遂改赴德国，他进入柏林大学史地研究所，随奥托赫契教授研究东欧史，顾淑型攻读德文。

　　1924 年夏天陈翰笙以《1911 年瓜分阿尔巴尼亚的伦敦六国使节会议》为题的研究论文，获得柏林大学的博士学位。同年秋天，我国著名教育家、革命家、政治家蔡元培去欧洲考察时，发现陈翰笙是个人才，邀请他回国任北京大学教授。

　　回国后，他一边做着教授为学生们讲课，一边做学术研究，那时他才 27

岁，但已在李大钊介绍下成为中国共产党早期入党的党员之一，已是北大最年轻的教授，被称为"娃娃教授"。那时蔡元培主持北大，实行兼容并蓄的办学方针，不同学派和政治观点都可以上讲台，陈翰笙是受学生欢迎的教授之一。他在北大任教期间，参加胡适、王世杰等创办的《现代评论》，先后发表过55篇文章。从此他坚持以马克思主义立场、观点、方法，分析研究我国农业、农民和农村问题，以第一手的农村调查材料论证我国农村半封建、半殖民地的社会性质，指明我国农业发展的道路。

1933年8月陈翰笙出席在加拿大召开的太平洋国际学会，在会上提出的论文，题为《现代中国的土地问题》。利用各地调查材料说明土地分配不均，少数地主富农占有大量土地，贫下中农无地少地，遭受地主富农残酷剥削，使农业生产力低下，农村经济贫困现状，作了理论上的论证，在国际学术界引起重视，认为《中国土地问题》是权威之作。

陈翰笙自投身革命后，在李大钊、蔡和森等人的教育下，对共产主义的理论矢志不渝。在长期从事学术研究中，陈翰笙坚持以马克思主义为指导，反对教条主义，坚持理论联系实际的原则，倡导严谨的学风和科学的研究方法。他学识渊博，研究工作覆盖历史学、经济学、社会学、政治学、法学和国际关系学等多种学科，撰写专著和论文达四百余种。他的许多论文和著作对于推动各有关领域深入开展研究起着重大的作用，他的一些经济学、史学论点具有深远的影响和前瞻性。

20世纪30年代陈翰笙组织撰写的农村调查报告和论文，于80年代编辑成《解放前的中国农村》，共3辑，300多万字，是一部里程碑式的重要文献。1985年编辑出版的《华工出国史料汇编》，共10辑，300多万字具有世界历史意义。

励志人生好职业

他学贯中外古今,追求真理,潜心钻研,坚持科学研究与革命实践相结合,表现了一个马克思主义理论工作者的优秀品质;他立功、立德、立言,始终追求中华民族兴邦富国之路,是一座不朽的丰碑,他关爱学生,诲人不倦,是跨越世纪的精神薪火,表现了一个教育家的崇高风范,不愧是革命前辈、学术宗师、教育先驱。

知识链接

农村经济学

农村经济学是研究农村经济关系和经济活动规律的科学,包括农村经济学的基本理论、发展史和思想史、农村生产力经济学、农村人口经济学、农村建设经济学等。

教条主义

教条主义亦称"本本主义"。主观主义的一种表现形式。主要特点是把书本、理论当教条,思想僵化,一切从定义、公式出发,不从实际出发,反对具体情况具体分析,否认实践是检验真理的标准。教条主义轻视实践、割裂理论与实践、主观与客观的具体的历史的统一。在中国共产党历史上,教条主义不懂得马克思主义普遍真理必须同中国的具体实践相结合,曾给革命和建设带来严重危害。

著名经济学家
——于光远

　　于光远是我国著名学者，马克思主义理论家、经济学家、哲学家、教育家、革命家。他1915年7月5日出生在上海，快是一个跨世纪的百岁老人了，但是他兴趣广泛，关心社会生活中许许多多问题。脑勤、手勤、腿也勤，虽现年事虽高，但仍"坐轮椅，走天下"。他创建了"八字人生"：勤、正、坦、深、创、韧、情、喜。在中国的学术界中，于光远是以思想敏锐、学识渊博、勤奋多产而著称的。他不仅重视将马克思主义著作中已阐明的原理运用于现代经济生活，而且还十分重视如何将马克思主义运用于中国改革实践的经济理论发展。他是中国当代思想解放运动和改革开放的重要参与者和见证人。

　　于光远原名郁钟正，于光远是1937年入党后起的名字。他的父亲名叫郁祁培，出生在上海的一个商业世家，1898年，近代著名政治家、思想家、社会改革家、书法家和学者康有为创办"京师大学堂"，也就是北京大学前身。他父亲受新思想影响，思想开放，人格正直，不肯听家里安排学商，吵着要到这个学校读书，后在姑妈的帮助下如愿以偿地进了洋学堂。

　　于光远的母亲名叫蒋文英，从小读了不少书，会背《唐诗》、《古文观止》等，后来在常州洋学堂读了一年书。他的母亲结婚后并没有因为生儿育女而停止学习，而是一边读书，一边把在书上读的故事讲给孩子们听。于光远说："母亲很懂得怎样教育儿子，暑假时带我到苏州外婆家，外婆家的草地、花木还有养着的乌龟、蟋蟀，这给我的童年增添了很多乐趣。母亲还经常给我讲自己小时逃难的故事，因为是亲身经历，讲得有情有景，我很爱听。母亲还讲英雄的故事，教育我要勇敢，不怕苦。故事中忧国爱民的精髓也一点点地培养了我的正义感与爱国情操。"

于光远的父母从不打骂孩子，与他们平等相处。一次，于光远钻到幼稚园桌子底下，去取掉在地上的东西，站起时不小心将桌子打翻了，桌子上的东西散落一下。小于光远知道自己惹祸了，很害怕躲到了一间黑屋里不敢出来。母亲找到了他，没有责怪他，而是疼爱地问有没被桌子碰坏。面对母亲慈爱理解的眼神，他既感受到温情又满怀自责，从此他意识到碰到事情不能回避。

1921年6岁的于光远进入上海江苏省立第二师范附小读小学。第二年，在他上学一年后，他父亲带着他去参加三舅的婚礼，期间父亲有时间给他读了两次《三国演义》。他被这本书里的故事吸引了，父亲告诉他说："这本书比课本单调的识字教育有趣味多了，你要好好读一读，有些故事都在书上。"

从三舅家回来后，于光远立即找出了《三国演义》。有些字不识，但不影响他连猜带想地看完。这一看不可收，看完小说看弹词戏曲遂成书迷。梁启超的《饮冰室文集》、严复翻译的赫胥黎写的《天演论》等凡他能看到的书，他都会认真地看。他甚至到了一有闲暇时间，到了非看书不可的地步，养成了一个习惯：看得懂的看，看不懂的也看。一句两句中看出点意思，就非常高兴。后来他谈到那时读书的体会："正像《五柳先生传》中写的那样：好读书不求甚解，每有意会，便欣然忘食。有特别的体会。"

父母的教育无疑为于光远的成长铺下了坚实的基石。1925年"五卅惨案"发生，当时10岁的于光远，跟着老师上街参加了抗议帝国主义杀害我国工人、抵制日货、声援工人罢工的游行，并为工人募捐，这是他第一次参加革命活动。

把家里能看的书看完后，于光远就读起父亲上江南制造局兵工专科学校时用的课本，触及了数学、几何、三角、物理这些科学知识。这在当时让他收获很大,因为小学最后一学期他随父亲赴京。在北京插班需要考试。妈妈怕他进不了北京的学校,考完了急忙问老师收不收这个学生? 老师说:"收! 他的数学好极了!"

到北京后,父亲书柜里的书,成了于光远的知识宝库,并让他走上了终生受用的自学道路。他说"阅读父亲书柜的书,这件小事对我知识的长进、能力的提高和某些思想倾向和性格形成,产生极大影响,对我成长起了巨大的作用。我受到这件小事的影响,不仅仅是直接的东西,即从我父亲藏书中学到了许多在课堂上学不到的知识。而且还获得一些融入我性格中的东西,那就是:在求知上,不怕一下子看不懂书上写的,甚至越是难懂的语言,只要看得出话里有深刻道理我就越想钻深钻透。甚至超出求知范围,扩展到社会生活各个方面。"

少年时代的于光远,在人们眼里是被认为"有点学问和本事的"。他在15岁的时候,就为他的一个开牙膏厂的亲戚"解决了生产出来的牙膏放几个月后就干得挤不出来了的难题"。后来他的伯父办化学工业社,特意请他做了工业社的技师,还专门给他建了个实验室,在那个年代,一个中学生能有一个私人的实验室是不多见的。在这个实验室里他开发出了一种叫"土耳其红油"的媒染剂,它可以使经过染色的毛巾上的字或图案色泽更加鲜艳,并且经久不褪。一个十六七岁的孩子竟有这么大的"本事",着实让人刮目相看。

除此,他还做过家庭教师,帮人翻译过资料,还在私立的上海中学教了一个学期的高三物理课,而那时他自己也仅仅只是个高三的学生而已。他说:"因为当时没有办法,家里的经济情况比较困难,正好这所学校的高三物理老师因故不能教了,学校就来找我父亲,希望他能去代课。可他不能去,家里又不愿意放弃这个机会,所以我就去了"。那时他的所有收入加在一起,每个月多的时候有100元,少的时候也有60多元,作为长子他已经能够挣钱贴补这个有六七口人的家用了。

1932年于光远考入了上海大同大学,他开始对自然科学、哲学产生浓厚兴趣,开始用英文看原著。继而他一步步走向革命,像鱼入水一样融入社会。

于光远学识渊博，不仅是一个勤于思考的学者，还是一个长于行动的学者。他学贯自然科学和社会科学，许多经济建设和经济体制改革中的重大理论问题都是由他率先或较早提出的，并参与了许多重要的决策。20 世纪 50 年代末，他参与组织有关商品生产，价值规律，社会主义再生产，经济效果，经济发展速度与比例等重要经济理论的讨论；1959 年提出必须重视经济效益；70 年代他是"反伪科学的斗士"，80 年代，他较早地研究了社会主义初级阶段的经济的理论，著有《社会主义初级阶段的经济》一书，此书被经济学家评为"影响新中国经济的十本经济学著作"之一。

在做学术研究的同时，于光远还研究出一种"喜喜哲学"，这是他发明的新名词，是他津津乐道的一种生活态度和处世哲学。他解释说："第一个'喜'字是动词，表示喜欢；第二个'喜'字是名词，表示一种情绪或情感，就像有人喜欢生气，喜欢伤心，喜欢高兴一样，喜'喜'就是喜欢'喜'。也就是说人们要尽量多想些愉快的事，尽量去找乐事、趣事。"

2005 年在首届中国经济学奖候选人资料中，推荐人对于光远的评语是："他是一个兼有着深切的社会关怀和深切的学术关怀的经济学家，在他的学术活动中，总是试图寻找二者间的支点，来确定自己的学术研究方向。广泛的学术兴趣和丰富的人生经历，使得他的学术思想内容十分丰富。"

中共中央党校副校长龚育之，是于光远的好朋友，他曾对于光远有过这样的评价："学识渊博，学贯'两科'，即将自然科学和社会科学有机地融为一体；在整个学术生涯中，他开拓了许多新的学科领域，尤其在促进中国的自然科学与社会科学联盟方面、在自然辩证法哲学学派的创立与发展方面、在反伪科学方面等等，他是勇敢的开拓者，辛勤的耕耘者。"

而于光远对自己的评价却只有一句话："一个不悔的马克思主义者。"

逐梦箴言

他作为中国思想界的一个大学问家，一直活跃在思想理论战线上，是一位敢于坚持马克思主义真理的经济学家，他深切关怀社会学术，被誉为反伪科学的一面旗帜。他致力于发展中国特色经济学理论，是经济改革开放的重要参与者和见证人，对中国经济体制改革中几乎所有重大的问题都有所涉及，并在很多方面做出了开创性的理论贡献。

知识链接

商品生产

在资本主义制度下，商品生产指以资本剥削雇佣劳动为特征的商品生产。它是私有制基础上的最发达的商品生产。商品是资本主义社会中最普遍、最大量的现象 资本主义社会的财富，表现为一个庞大的商品堆积，社会生活的各个方面，都受买卖原则的支配。

经济效果

经济效果是指生产过程中产出量与投入量的比值。它反映的是生产过程中劳动耗费转化为劳动成果的程度，其表达式为：劳动耗费指劳动消耗量或劳动占用量，把"成果与消耗之比"、"产出与投入之比"称为经济效果，而将经济活动中所取得的有效劳动成果与劳动耗费的比较称为经济效益。

● 智慧心语 ●

这种按一定比例分配社会劳动的必要性,绝不可能被社会生产的一定形式所取消,而可能改变的只是它的形式,这是不言而喻的。

——马克思

一旦社会占有了生产资料,社会生产内部的无政府状态将为有计划的自觉的组织所代替。

——恩格斯

只要存在着市场经济,只要还保持着货币权力和资本力量,世界上任何法律也无力消灭不平等和剥削。

——列宁

说市场经济只是限于资本主义社会,这肯定是不正确的。市场经济,在封建社会时期就有了萌芽,社会主义也可以搞市场经济。

——邓小平

解决问题的手段单一,目的也单一的,属于技术问题;解决问题的手段稀缺,但需要解决问题的目的有多种,甚至这些目的本身是相互矛盾的,这样的问题就属于经济问题了。

——周其仁

第七章

用恒心奏响人生的华美乐章

　　没有人能随随便便就能取得辉煌，幸福不会从天降，付出的努力终究会有成绩来补偿；只要把梦想装在心上，朝着梦想去飞翔，不怕一切困难和阻挡，哪怕前方布满了风霜，哪怕前方有大风大浪，也要更加斗志昂扬一路高歌乘风破浪，就一定能用恒心奏响生命的乐章。

著名经济学家
——马寅初

有当代"中国人口学第一人"之誉的马寅初，是中国当代经济学家、教育学家、人口学家。新中国建立后，他曾担任中央财经委员会副主任、华东军政委员会副主任、北京大学校长等职。

1882 年 6 月 24 日，马寅初出生在浙江省绍兴一个开酒作坊的家庭。他是家里五个男孩中最小的一位。他出生既姓马，又是马年、马月、马日、马时出生，乡间盛传："五马"齐全，一定是个非凡人物。

马寅初出生后不久，他父亲为寻求更好的酿酒水质，将全家移居地处黄泽江和剡江会合处的嵊县浦口镇前店后坊。马寅初就在这乡风淳朴，风景秀美的小镇度过了他的童年和少年。

马寅初家酒作坊搬到前店后坊后，生意越做越红火。父亲的五个儿子当中最小的马寅初最为聪明伶俐，有心让他继承父业，想先让他学会酒店管账、再承家业。因此，父亲只让马寅初读私塾，无意让他继续求学。马寅初不喜欢私塾的四书五经，向往城里的新学堂，他见父亲强让他学酒店管账，非常不满。常常以怠学、怠工以示反抗，为此，多次遭到父亲打骂。

有一次，父亲郑重地与他谈话："你也不小了，应该学会酒店管账，以后……"

"不，我要到城里读书。"未待父亲讲完，马寅初抢先表示了自己的态度。

"我不会让你外出读书！"父亲生气地吼道："你给我跪下！"

"跪就跪，跪我也要到城里去读书！"

父亲见马寅初如此执拗，便操起皮鞭对他一顿暴打。

渴望读书的马寅初饱受皮肉之苦，父亲的蛮横，深深地伤害了马寅初内心对知识的渴望，让他对前途失去了信心，他跑到镇外，一头扎进了黄泽江，想一死了之，幸亏被人救起，他的这次自杀失败了。

经历这次事件之后，由于他父亲酒坊很忙，忙不过来时，还得叫马寅初去放猪。渐渐地，马寅初内心对知识的渴望又鲜活起来，他每次放猪时，都会站在私塾外面旁听，一次，他听得入神，到了晚上，才发现放的一窝猪崽都丢了，母猪也不见了踪影。

家里一起丢失了这么多猪，可是件大事。他父亲气愤之余将他一顿暴打。母亲和大哥将父亲正打在马寅初身上的鞭子抢下后说："这孩子是因为想学点知识，才不安心放猪的，你就没有想到送他去上学吗？他是个有志向的孩子，会有大出息的。"

让人没有想到的事情发生了，通过这次丢猪挨打事件，让母亲有机会做通了他父亲的工作，马寅初终于可以进城里读书了。后来马寅初经常说及此事，总是感谢母亲的大哥。"文革"期间，马寅初被关进大牢，又因为马寅初和"王冕"是同乡，其事情也被改为王冕放牛丢牛的故事了，成为小学生教科书里的一个"勤奋好学"的典型故事。

1901年马寅初19岁时，考入天津北洋大学，也就是现在的天津大学，学的矿冶专业。1906年他赴美国留学，先后获得耶鲁大学经济学硕士学位和哥伦比亚大学经济学博士学位，从此，他与中国经济结缘。抗日战争爆发以后，在民族危机的紧急关头，马寅初挺身而出，写文章，作演讲，反对官僚资本主义和通货膨胀，反对出卖民族利益和独裁统治。因为这些爱国行为，他受到国民党反动派的迫害，被囚禁于集中营达数年之久。但他没有屈服，始终坚持爱国爱民的斗争。

正如他自己说过的："自1939年开始，无时无刻不与共产党在一起。"建国后，他以一个学者的专长，以主人翁的态度进言献策。著有《通货新论》、《战时经济论文集》、《我的经济理论哲学思想和政治立场》、《中国国外汇兑》、《中国银行论》、《中国关税问题》、《资本主义发展史》、《中国经济改造》、《经济学概论》、《新人口论》等多部。

1957 年马寅初因发表"新人口论"方面的学说而被打成右派,党的十一届三中全会后得以平反。他一生专著颇丰,特别对中国的经济、教育、人口等方面有很大的贡献。1981 年 2 月 27 日,马寅初当选为中国人口学会名誉会长;1993 年 8 月获首届中华人口奖"特别荣誉奖"。

1982 年 5 月 10 日,101 岁的马寅初因肺炎去世。在他的葬礼上,有人送上这样的挽联:"马师在旧社会不畏强暴,敢怒敢言,爱国一片赤子之心,深受同仁敬重;先生为新中国严谨治学,实事求是,坚持真理不屈不挠,堪为晚辈楷模。"

逐梦箴言

他从小好学成才,是勤奋读书的典范;在旧中国,他不仅是享有盛誉的经济学家,而且是一位英勇不屈的民主战士;新中国成立后,他热心从事经济学的教学与研究工作,为国民经济综合平衡、稳定物价、控制人口等重大问题献计献策,为国家经济建设和经济科学、人口科学建设做出了卓越的贡献。

知识链接

人口学

人口学是研究人口发展,人口与社会、经济、生态环境等相互关系的规律性和数量关系及其应用的科学总称。人口学包括:人口理论、人口统计学还包括研究人口与社会、经济、生态环境诸现象间的相互关系的规律性和数量关系等分支学科。

关税

关税是指进出口商品在经过一国关境时,由政府设置的海关向进出口国所征收的税收。关税在各国一般属于国家最高行政单位指定税率的高级税种,对于对外贸易发达的国家而言,关税往往是国家税收乃至国家财政的主要收入。

国情研究专家
—— 胡鞍钢

他是位从"北大荒"走出来的经济学家,由于他的多项研究报告对中央决策提供了重要参考,并且在海内外产生重大影响,1991 年被国家教育委员会、国务院学位委员会授予"有突出贡献的中国博士学位学者"。1995 年初获国家自然科学基金委员会"国家杰出青年科学基金"资助,1995 年经美国华盛顿中国问题研究中心评选,获福特基金会"中国经济研究"资助。1995 年以来,连续获得中国科学院科技进步一等奖、北京市科技进步二等奖和国家科技进步三等奖等多项奖励;2000 年被国家自然科学基金委员会评选为"国家杰出青年科学基金"特优项目;2001 年获"第九届孙冶方经济科学论文奖"。

他的名字叫胡鞍钢。胡鞍钢,祖籍浙江省嘉善县,1953 年 4 月 27 日出生在辽宁省鞍山市。在他出生前的 1950 年,他的父母刚从上海交大毕业,一对年轻人抱着建设新中国的热情,来到辽宁鞍山,并组成了一个新家庭。三年后胡鞍钢出生了。

5 岁时,胡鞍钢随父母来到北京居住。胡鞍钢的父亲是全国劳动模范、第三届全国人大代表。由于父母都是知识分子,特别是在父母的熏陶下,他从 10 岁时起,就读到当时还是内部发行的《参考消息》,这可是由新华社主办的一份独特的报纸,每天及时选载世界各国通讯社、报刊的最新消息、评论的精华,全面报道世界各国各地区的政治、经济、军事、科技、体育、文化及对华反应等各方面的最新情况。

后来,他又阅读《人民日报》了解国内外大事,什么古巴危机、中苏论战、越南战争、"四清"运动、批"三家村",并与父亲讨论国际问题。他具有国际视野,并致力于研究中国国情,中国的崛起是百年不遇的历史机遇,他为自己能参与推动这样的进程而骄傲和自豪。他后来回忆说:"《参考消息》是一份以提供'境外的声音'为特色的国际国内时政报纸,力求全方位、多视角、立体化地报道国际新闻,突出了'参考'特色,也给我提供了一个看世界,看中国的窗口。"孩提时代的幸福时光加上受到父母的影响,胡鞍钢从小就立志做一名知识分子,回馈社会、报效祖国。

1966 年 6 月胡鞍钢刚刚小学毕业,他和那个时代的学生一样,都是还没有来得及参加初中统考,"文革"就开始了。1969 年 9 月,年仅 16 岁的胡鞍钢同近十万名北京知识青年一起奔赴北大荒,成为黑龙江生产建设兵团的一名农工。

在北大荒,胡鞍钢亲眼目睹了农村生产力之薄弱、文化之落后,亲身体验了农民生存之艰难,生活之贫困。他总在思考:中国为什么一穷二白?中国如何摆脱贫困落后?然而,由于知识的贫乏,我总也找不到答案。

在北大荒,胡鞍钢做炊事班班长时,每日凌晨就得起来做早饭,一天只有四五个小时的睡眠。但是在繁重的劳动之余,胡鞍钢还是没有忘记坚持读书学习,在当时凡是能找得到的书籍,都被他千方百计地找来。此外,他还偷偷地自学数理化,由于没有学习用的练习本,他常常在报纸的边角上做习题演算,他那时农村常常停电,他点上煤油灯,以被子作书桌读书学习,他不敢奢望上什么正规大学。

1976 年 10 月胡鞍钢转到华北冶金地质勘探队,从此开始在环境恶劣的乡村进行艰苦的勘探工作,乡村的艰苦生活也给了胡鞍钢日后进行国情研究提供了真实的体验。

转眼间胡鞍钢离开北京已经 7 年了,那一年,他终于盼来了 1977 年中国恢复高考制度,胡鞍钢的人生也由此发生了转变。当时胡鞍钢在华北冶金地质勘探队是个工作出色的年轻员工,领导听说他要考大学,劝他说:"你要考大学了,留在这里工作不是很好吗?你的名字已经被列在'文革'后第一次长工资的名单中。"

胡鞍钢回答说："我只有小学文化程度，考不上的话，还会留下来工作。"

就这样，胡鞍钢参加了高考，他在1978年底接到了唐山工学院的录取通知书。一张张薄薄的入学通知书，是胡鞍钢在近10年里坚持自学的最好验证，是他经历农民和工人生活的痛苦磨炼后，向命运抗衡的一个证明。后来，他对学生说："我是普通人，但我这个普通人是树立了人生目标的。做人要立雄心，树壮志，踏踏实实工作。这是我十几年前说的，现在我还这样告诉我的学生。"

1985年胡鞍钢本科、硕士毕业后，进入中科院攻读博士学位，开始在院士周立三教授领导的中科院国情分析研究小组做课题。"国情研究"，从此成了他20年学术生涯的关键词。他是这一新领域的主要开拓者之一。

1995年当胡鞍钢获得国家自然科学基金委员会"国家杰出青年科学家资助"时，他是经济科学领域唯一获得资助者。那年的5月21日，新加坡《联合早报》发表题为《胡鞍钢现象说明了什么？》的评论文章，说："胡鞍钢曾经上山下乡，到过北大荒插队，实际了解到了中国农村的贫穷和中国农民的内心世界。这使胡鞍钢这一代中国知识分子，在今天为中国走向21世纪的发展过程出谋划策时，能够从中国的实际国情出发，而不至于在书斋里纸上谈兵。"

2000年初中国科学院和清华大学联合成立了一个国内一流的"国家决策思想库"国情研究中心，胡鞍钢被聘为国情研究中心主任，从此，他所带领的清华大学国情研究中心是中国政府四大智囊团之一。国情中心自成立以来，秉承"与中国发展同行，与中国开放相伴，与中国变革俱进，与中国兴盛共存"的发展理念，基于"维护国家最高利益，认清国家长期发展目标，积极影响国家宏观决策"的发展宗旨，遵循"获取决策知识，创新决策知识，传播决策知识，通过国情研究报告影响决策与政策"的发展路径，着眼中国，放眼世界，服务中国，贡献世界，努力为国家决策做贡献，为理论创新做贡献，为培养人才做贡献，已经建设成为国家高层决策的科学思想库和国内外具有重要影响的公共政策研究中心，已成为北京高层决策的重要脑库之一，国内外颇有影响力的公共政策研究中心。

从"十五"计划中的"村村通"到他现在研究的"路路通"，胡鞍钢把更多的研究时间放到了民生问题上，后来他所关注的这些一件件实现了。他说："只要你做出了学术贡献，社会就会承认你，即使与你协商、争论甚至批判，都是社会承认的不同形式。不必太在意，更没有必要恼羞成怒。最悲哀的，是你的论文和作品不为社会所看重和关注。知识分子不要自我评价，孤芳自赏，而要社会评价，他人评价。"

逐梦箴言

他是当代中国对国策制定有影响力的少数学者之一，他撰写的国情报告是中国高层的必读之物。他被称为国宝级的学者，他最关注的是平民百姓、弱势群体，愿为贫民讲话，做"草根"的代言人；他为民众鼓与呼，把大量精力投入到调查研究中，并频频在媒体上就多个领域的问题发言，他是中国发展同行的国情研究专家，他演绎着智囊的"草根"本色。

知识链接

公共政策

公共政策是公共权力机关经由政治过程所选择和制定的为解决公共问题、达成公共目标、以实现公共利益的方案。

民生

民生是指民众的基本生存和生活状态，以及民众的基本发展机会、基本发展能力和基本权益保护的状况等。

社会的良知——千家驹

"千家驹是谁的笔名？"

这是胡适在 1932 年看到报上发表的《抵制日货之史的考察和中国工业化问题》一文后,问刊物主编凌某的话。

凌某说:"这不是笔名,他本姓千,这就是他的真实姓名,他的笔名叫钱磊。"

胡适又问:"他在哪儿工作？"

凌某回答:"他是北大学生,还没有在大学毕业。"

胡适为一个大学生有这般锐见大为惊异,回到北平就约见千家驹。胡适问千家驹毕业后准备去哪儿工作,当千家驹告诉他尚未有着落时,胡适便自告奋勇介绍他去陶孟和主持的社会调查所工作。陶孟和私下打听了一下,得知千家驹是北大学生会的头头,著名的捣乱分子,说不准还是共产党,心里便有些踌躇。他问胡适,胡适则回答说:"捣乱和做研究工作是两码事,会捣乱的人不一定做不好研究工作,况且一个研究机关,你怕他捣什么乱呢？"于是,千家驹从北京大学毕业后就进了研究所。

千家驹中国科学院学部委员,经济学家。曾任北京大学讲师,广西大学教授。历任中国人民银行总行顾问,政务院财经委员会委员,中央工商行政管理局副局长,中央社会主义学院副院长,民盟中央副主席。

千家驹的一生充满传奇色彩。他是浙江省金华地区首位中共党员。他师承胡适,与吴晗有着很深厚的友谊。周恩来曾告诫他不要锋芒毕露,毛泽东曾与他探讨中国革命的前程,蒋介石曾对他进行劝驾与封杀;他差一点被军阀政府枪毙,"文革"中跳崖自杀又被救起;他在全国政协大会直抒胸臆而博得空前掌声;他著作等身,乡亲为之建了藏书阁;他一生服膺马列,皓首之年却在异国"皈依佛门";逝世前两年,全国政协主席李瑞环为其贺寿。

1909年8月千家驹生于浙江省武义县。千姓,举国罕见。就以浙江而言,也只有武义县独有。然而,千姓虽罕,但它的源流却有史可考。据《清宫旧事》一书所载,千氏始祖名杨腾,原为西域羌族部落中的一员大将,勇健多谋,杨腾后裔杨千万继承"百顷氐王"王位,迁徙入西蜀,改杨姓为千姓,从此四川有了千姓。后子孙零星散落,生息于四川、云南边远山区。

千家驹的父亲名叫千秋鉴,千家驹的母亲名叫何舍耕,是旧社会一个悲惨而伟大的母亲的典型。她出生在武义城南20里的郭洞村一个贫农家庭,未读过书。她曾告诉过千家驹:"我这条命是捡回来的。"

原来,她出世时,由于家穷,父亲要想把她溺死。那个时候,重男轻女,女孩生下来要溺死。在好心邻居的规劝下,她父母才把她留养起来,长大后遵父母之命嫁到了千家。由于从小从事田间劳动,她没有缠足,那时视"三寸金莲"为美女的重要标志,加上她性情刚强,脾气急躁,生下二女一子后被丈夫抛弃。

尽管丈夫弃她而去,但是千家驹的母亲依然承担起侍奉公婆、抚育子女的重任。依然视承传千家香火为己任,对儿子悉心抚养,她疼爱儿子,胜过她自己的生命,千家驹4岁时才断奶。

1914年母亲把5岁的千家驹送进县城皂角庙小学读书。这已是新式学堂,不再念《三字经》,安徽籍的王炽康老师,为他们教《孟子》《古文观止》等课文。

当时学制初小读四年,高小读三年。千家驹在1918年进入壶山高等小学。那时,武义还没有中学,这所高小就是武义全县的"最高学府"了。天资聪颖的千家驹,自小爱好读书识字,记忆力甚强,是学校里的佼佼者。从十多岁开始,他就读中国古典文学作品,《西游记》《三国演义》《水浒传》、

《封神演义》等,无一不读,手不释卷。

1921 年未满 12 岁的千家驹高小毕业时,他要去金华投考中学。从武义到金华,当时只有 70 华里崎岖不平的山道。有钱人家可以坐轿子,贫穷人家只得靠两条腿走路。一天走 70 里路,对于一个不满 12 周岁的儿童来说,是一件很不轻松的事。

到了金华,千家驹投考的是省立第七中学,竟一举而中,返家报喜收拾行装。买不起皮箱,只得用竹笼替代。在第七中学,千家驹只读了一年,便转学到金华第七师范学校。原因是中学的学费太贵一年得七八十元左右,家里支付不起;而师范学校则有公款补助,学杂费全免,伙食费只要交半价,一年有三四十元便够了。不过,中学读四年毕业,师范则要读五年。那时,千家驹的父亲每月仅向家里提供 10 元生活费,勤劳的母亲每天做手工供家用,而供应一年七八十元的学费,几乎是不可能的事。于是,只好把千家驹转到了师范学校。

虽然在第七中学,千家驹只读了一年的书,但是他却遇上了汤恩伯和吴晗,并与他们结下了深厚的友谊。汤恩伯后来成了中华民国陆军二级上将,吴晗成了中国著名历史学家、社会活动家、现代明史研究的开拓者和奠基者之一。

1926 年 17 岁的千家驹考上了北京大学经济学系,从此他一边读书,一边参加中共地下活动。"文革"过后,千家驹以全国政协委员、常委或民盟中央副主席的身份在中国政治舞台上为大众传媒所关注,他成为颇为著名的公众人物,因为在每年召开的"两会"上,他是一颗"明星"。

胡耀邦说:"千家驹这种对国家大事直言不讳的风格是值得提倡的。"

臧克家说:"听了千家驹的发言,声声入耳,震动我心……半小时的讲话,赢得 31 次掌声,这是不寻常的、令人深思的一件奇事。"

千家驹自己说:"回想我们青年时代,为了社会主义在新中国的实现,九死一生,颠沛流离,但我们从来没有后悔过。我虽不是党员,周恩来总理是把我当成自己人看待的,因为我追随党一辈子。"

千家驹著有《中国的内债》、《新财政学大纲》、《中国货币发展简史》、

《中国农村经济论文集》、《广西经济概况》、《我国社会主义经济研究中的若干问题》等。作为著名经济学家，虽然他在经济学上并无大量的著述，这种情况在他那一代学者中很是普遍。有一位著名的经济学家对他有这样一句评价："社会的良知"。

逐梦箴言

他一生坎坷屡经风波，为中华民族无私奉献；他忧国忧民，是一位谠言赤子，他为民谋命，为人民群众振臂疾呼；他的经历折射出近百年来在风云激荡的大时代中，中国知识分子寻求真理、探索人生、改变社会的不寻常的经历和思想轨迹，他胆大直言 宁折不弯，作为经济学家他被称作"社会的良知"。

知识链接

工业化

工业化是一个国家和地区国民经济中，工业生产活动逐步取得主导地位的发展过程。

内债

内债是各债务主体以本国投资者为对象，通过发行本国货币计价的债券证书，或以缔结特定契约为手段所形成的债务，又称"国内债务"。

读通了中西历史的经济学家

—— 顾准

顾准,是中国当代学者,思想家,经济学家,会计学家,历史学家。中国最早提出社会主义市场经济理论的第一人。他1935年加入中国共产党,后来两次被打成"右派",仍然坚持理想和信念不动摇。在逆境中,他写下了《希腊城邦制度》和《从理想主义到经验主义》等著作,对革命胜利后所遇到的问题进一步进行了思考和探索。他不仅留下了他的著作和思想,而且更重要的他留下了一种卓尔不群、独立思考的精神。

顾准字哲云,又名绛枫、吴绛枫、立达、小方、怀璧等,1915年7月1日出生在上海市顾家湾的一个小商人家庭。顾准的父亲名叫陈文纬,原是江苏苏州人,他祖父是个染坊工人,早年亡故。顾准的伯父陈蓉生,年轻时来到上海江湾一带,向当地棉农收购棉花,大约在民国初年,顾准的父亲也来到上海,与兄长一起合做棉花生意。

顾准的父亲早年因家贫失学,后来学会了做生意,当账房先生,并且钻研中医。辛亥革命前,在《黄帝内经》中医药学理论方面很权威,被延聘到湖北的一个衙门里当"书记"。

顾准有兄弟姐妹10人,他的母亲名叫顾庆莲,他外祖父经营一家扇庄,他外祖母生过许多孩子,但只活了两个女孩,这两个女孩后来都嫁给了顾准的父亲,顾准母亲的姐姐生了四个男孩,他是母亲的第一个孩子,但排行第五,所以小名又叫"双伍",因为外祖父家无子嗣,所以顾准自幼随母亲的顾姓。

顾准5岁时聪明好学，开始接受正规的文化教育。他最小的姑母曾在清心女中上过学，后来就办了私塾。顾准在姑母办的私塾读了两年，在7岁时，插班转入他家附近的留云小学上三年级，他的两个同父异母哥哥也在那里念书。顾准后来回忆说："这是佛教寺庙"海潮寺"所举办的私立正规小学，当时的校长王志莘是我国现代金融家和经济学家，他和国文教员殷亚华对我们弟兄三人很关心，我的作文常被评为优等。"

那时顾准他们不光读四书五经，也将视角投向黄宗羲的《原君》、《原臣》、黄花岗七十二烈士的故事以及同盟会成员林觉民的遗书等。顾准幼小的心灵得到民主、自由气息的浸润。事隔半个世纪，晚年的顾准对他的母校仍然记忆犹新。他说：我还清楚记得，我的母校留云小学的校歌，开头几句是：滔滔黄歇潮，汲汲竞争场，商战学战较短长。"我学会唱这首歌，是在1922年，五四运动后的第三年。"

1925年因为顾准家里已贫寒式微，他们三个兄弟只好一起辍学。小学老师殷亚华知道这一情形后，便主动向中华职校的王志莘老师提议，请学校对顾准的学杂费予以减半的优惠，减半以后，一学期约需20元，在他外祖母和母亲的"私蓄"拼凑下，又再度复学。

这时顾准是幸运的，家庭的破落毕竟没有使他辍学。更重要的是，顾准就读的初中是赫赫有名的拔中国职业教育之头筹的中华职业学校。当时一般学校教学与实际脱节，收费又高，多为富家子弟而开。中华职校则另辟蹊径，独树一帜，以"劳工神圣、双手万能"为标志，学以致用，注重质量，因而在沪上声誉鹊起。在这个学校里，顾准读的是商科专业。

中华职校的教学是有特色的，其英语水平高于普通中学，顾准的英语基础就是在这里打下的，后来再经过刻苦自学，长进迅速，能阅读英文报刊、图书。另外，这家学校与上海工商界有广泛联系，注意学用结合经常开展文体活动。职校教师经常在课堂上对学生进行爱国主义教育，"如介绍帝国主义依靠租界特权、胡作非为，以及不平等条约带给我同胞的种种灾难等。青年学生经过这些教育，无不引为奇耻大辱，发奋图强，爱国之情油然而生。

1927 年在顾准 12 岁的时候,因家境清贫,无力继续求学,就到中国民主同盟盟员,国内外颇负盛名的会计学家和教育家,被国外会计界誉为中国会计之父的潘序伦先生创办的上海立信会计事务所当练习生。随后通过自学会计学,成为掌握现代会计知识的专业人士。

1930 年 15 岁的顾准便以其在会计学方面的成就和造诣,在上海工商界崭露头角,被誉为"奇特的少年天才"。他在 20 世纪 30 年代,就有多部会计学著作问世,是上海知名的会计学家。1934 年完成的会计学著作《银行会计》,成为国内第一本银行会计教材,被各大学采用,同时开始在大学任兼职教授。

顾准因为家庭经济的窘迫而辍学走上社会,而当时的社会,正是变革和时事的演化时期,两者交织,促使他走上革命道路。他 1930 年组织秘密的马克思主义学习小组——"进社",后转入"武卫会"。同年 10 月,因"武卫会"组织被破坏,第一次流亡去北平。1934 年后曾任中国民族武装自卫会上海分会主席、总会宣传部副部长,1935 年加入中国共产党。

顾准所倡言的重视商品价值规律,在目前市场经济条件下已经完全实现,但他研究过的不受制约的权力造成的危害、法治和人治的利弊、人民当家做主反映在政体上的恰当形式、理性主义政治哲学蕴涵的问题等,对于深化改革,对于中国的民主法治前景,无疑还是没有用尽的、宝贵的思想资源。

顾准作为我国杰出的思想家、经济学家,他在马克思主义理论研究、经济理论研究、会计审计研究、税务理论研究、中外历史研究等诸多领域,著述颇丰,后来被两次错划为"右派"分子,但他不顾横逆,认真探索,对中外政治、哲学、历史、经济等作了深入的研究和比较,取得令人瞩目的成就,他对真理不懈追求的那种精神,令人敬仰。

吴敬琏在《中国需要这样的思想家》中说:"学识渊博、言辞犀利只是顾准的外部特征,作为思想家,顾准的内在特征是对中国和世界历史中的一系列重大问题提出自己的独到见解,言人所未言。"

的确,顾准对中国的命运、前途的思考是深刻和全面的。

逐梦箴言

他长期身处逆境,在遭到的不公平待遇的日子里,依然坚持阅读和思考,并追求真理;他不仅是一个读通了中西历史的经济学家、思想家,更是一位令人景仰的"道德的实践者";他超前思维令人惊叹,为我国的经济发展敲响了振聋发聩的警钟,他是中国一位真正意义上的经济学家。 他当之无愧是"中国的脊梁"的思想家和经济学家。

知识链接

经济理论

经济理论是从某些前提假设出发,经过一定的逻辑推理,预测到某些经济现象发生的语言假说体系,是对现实客观条件下经济运行状态的一种理论假设。总的来说,这种理论是由两种元素(理论、假说)构成的复杂的混合体。一方面,它是一种旨在促进"系统的、有组织的推理方法"的语言。另一方面,它是一种旨在抽象出复杂现实的本质特征的实质性假说体系。

理性主义

理性主义是建立在承认人的理性可以作为知识来源的理论基础上的一种哲学方法,高于并独立于感官感知,认为人类的想法来源于经验。

◎ 智慧心语 ◎

骑士时代已经过去,随之而来的是智者、经济学家和计算机专家的时代。

——埃德蒙·伯克

美国人的事业就是办企业。

——卡尔文·柯立芝

成本记录的是竞争的吸引力。

——弗兰克·奈特

生产成本若不影响供给,则不会影响竞争价格。

——约翰·斯图亚特·穆勒

第八章

用勤奋架起成功的桥梁

◦导读◦

　　勤奋是文学家打开通向文学殿堂之门的一把钥匙,是科学家更聪明智慧的原因,是政治家实现理想的基石,因为他们学业的精深造诣都来源于勤奋。勤,就是要珍惜时间,勤学习,勤思考,勤探究,勤实践;勤奋好学是提高自己拥有才能的最好方法,也是必须培养自身有坚强意志和承受能力的手段,更是通向成功的桥梁。

现代经济学之父

——亚当·斯密

伦敦《泰晤士报》报道，从 2007 年起英格兰银行决定，亚当·斯密的头像将出现在英国 20 镑面值的新版钞票上。报道说："现在政界几乎到处有人把斯密的观点当成自己的见解宣扬，可见斯密再度引起了人们的兴趣。"

亚当·斯密是公认的经济学祖师，他在经济学界的地位是独一无二的，他的《国富论》在经济学领域的影响极为深远。他在伦理学方面的建树也十分出名，他的《道德情操论》至今依然是经典之作。

1723 年 6 月 5 日，亚当·斯密出生于苏格兰法夫郡一个只有 1500 人左右的小镇柯卡尔迪。他的父亲是位律师，也是一位基督教徒，加入了温和派的苏格兰长老教会，这个教自 1690 年以来是苏格兰国教。他在苏格兰的军法官和寇克卡迪的海关工作，在亚当·斯密出生前 6 个月他就去世了。

亚当·斯密的母亲名叫玛格丽特，是法夫郡斯特拉森德利大地主约翰·道格拉斯的女儿。

因为亚当·斯密童年体质孱弱多病，又无兄弟姐妹，孤儿寡母的，所以母亲对他倍加疼爱。在亚当·斯密 4 岁时，一次在前往外祖父家的途中，被路过的一群吉普赛人拐走，一时去向不明。

他的母亲非常着急，四处奔走寻找孩子。一位绅士告诉她说："我在前方看到有个吉普赛女人抱着一个哭闹不休的孩子。"

于是亚当·斯密的母亲和他的叔父，对这帮吉普赛人进行追赶，那个吉普赛女人看到有人追赶就把拐来的孩子丢下逃走，于是亚当·斯密平安回到了母亲身边。从此，母亲再也不敢离开他，并且他一生都是在母亲的陪伴下度过的。

1730 年亚当·斯密 7 岁时，在家乡苏格兰一所学校上小学，这是亚当·斯密接受启蒙教育的开始，这座小学名字是"寇克卡迪学校"，是一所市立的学校，他说："这所学校在相当有名望的戴维·米勒的领导下，造就了一批卓越人才。幼年的我在学校中以对书籍的热爱和超人的记忆而引人注目，我在卡柯尔迪度过了中小学生活。工场手工业和外贸相当发达的卡柯尔迪，使我对苏格兰社会有了一个蒙眬的认识。"

亚当·斯密虽然从小就失去了父爱，但是他在母亲的照顾下依然健康苗壮的成长，成从小就聪明好学，14 岁就进入格拉斯哥大学。这所大学是英国最古老、最有名气的全日制综合性大学之一，可见少年亚当·斯密是多么的优秀，才能成为这个学校的一名学生，况且他要比别的学生早上大学三到五年。

亚当·斯密在大学里主修拉丁语、希腊语、数学以及道德哲学。在格拉斯哥学习期间，著名哲学教授弗兰西斯·哈奇森的自由主义精神给予他很大启发，他说："这位老师对我的教导，会一直让我念念不忘。"

亚当·斯密是一个富有理想、梦幻和追求活泼的热烈的血气方刚的青年，1740 年他 17 岁时获得了奖学金，进入著名学府牛津大学学习。1751 年他回到母校格拉斯哥大学任教授，他说："在格拉斯哥大学任职期间，我主讲逻辑学和道德哲学，并开始公开发表经济自由主义的主张，形成了自己的经济学观点。"

1759 年亚当·斯密斯的第一部著作《道德情操论》出版，这部著作为他赢得了巨大的声誉，使他跻身于英国一流学者之列。1764 年，他受布克莱公爵邀请到欧洲大陆旅行。旅行的经历以及在旅行过程中同许多著名欧洲大陆学者的交往，促使他经济理论走向成熟，尤其是重农主义的经济学家魁奈对他影响很大。三年后他回到伦敦，被选为英国皇家学会会员。为了完成自己的研究工作,回到故乡柯卡尔迪,开始潜心撰写经济学著作。

亚当·斯密常想事情想得出神,丝毫不受外界干扰。在他担任海关专员时,有次因独自思考问题而出神,将自己公文上的签名不自觉写成前一个签名者的名字。亚当·斯密在陌生环境发表文章或演说时,刚开始会因害羞频频口吃,一旦熟悉后便恢复辩才无碍的气势,侃侃而谈;而且亚当·斯密对喜爱的学问研究起来相当专注、热情,甚至废寝忘食。

1776年亚当·斯密写作历时6年,修改3年的经济学巨著《国民财富的性质和原因的研究》发表了,这就是后来的《国富论》,它的发表,标志着古典自由主义经济学的正式诞生。

1784年5月23日,亚当·斯密90岁的母亲去世,母亲是他在这个世界上最亲近的人,也是给他教导、鼓励、影响最多的人,为报答了母亲的养育之恩,他终身未娶。就在母亲去世这年,由于在写作《国富论》的过程中,他积劳成疾健康状况持续恶化,但斯密依然笔耕不辍,继续写作两部关于哲学和经济学的著作,在母亲去世六年后他也离开了人世。

亚当·斯密一生追求完美,在临终前,他坚持将未完成的十几部手稿付之一炬,实践了他认真负责的一贯理念。亚当·斯密的著作,对后世有着重大影响。时至今日,经济学界依然不断有"回到斯密"的呼声。1998年诺贝尔经济学奖得主阿玛蒂亚·森,在他的著述中反复阐明亚当·斯密的贡献,在经济学界,亚当·斯密成了被征引最多的作家。

逐梦箴言

他是经济学说的最早开拓者,他把当时零星片断的经济学学说,经过有体系的整理,使之成为一门分门别类独立于哲学的大学问;他创作的《国富论》是现代政治经济学研究的起点,为该领域发展打下了良好的基础。他经济思想体系结构严密,论证有力,是经济学的主要创立者,是经济学鼻祖,是古典经济学的代表人物,他被称为"自由企业的守护神"。

知识链接

道德哲学

亦称伦理学,是研究善与恶、对与错、职权与义务等概念的哲学分支,是对人类道德生活进行系统思考和研究的学科。它试图从理论层面建构一种指导行为的法则体系,即"我们应该怎样处理此类处境","我们为什么又依据什么这样处理",并且对其进行严格的评判。

国民财富

包括国民财产和自然资源两部分。国民财产是历年劳动产品的积累,其在存在形态上又可分固定资产、流动资产、金融资产三部分。自然资源是自然界的产物,如土地、森林、矿产、水等资源,它们不是人类劳动的产物。

首位女性诺贝尔经济学奖得主
——埃莉诺·奥斯特罗姆

2009 年 10 月 12 日,美国著名政治学家、政治经济学家、行政学家和政策分析学家,美国公共选择学派的创始人之一的埃莉诺·奥斯特罗姆,获得诺贝尔经济学奖,是自 1968 年诺贝尔经济学奖设立以来,历史上第一个获得诺贝尔经济学奖的女性。在问到她对获得此奖项的看法时,她说:"我们已经进入了一个新的时代,女性在科研方面的能力得到承认。我很幸运成为第一个,而且我不会是最后一个。"

1933 年埃莉诺·奥斯特罗姆出生在美国的洛杉矶。她的童年经历了美国历史上最严重的经济萧条时期和第二次世界大战,各种生活物资严重匮乏。年幼的埃莉诺和母亲在后院开垦了自己的园子,亲手种植各种蔬菜并且学习如何将丰收的食物保存好,以留作过冬的食物。后来,连水都成为弥足珍贵的商品。她说:"我母亲培育了一个果实累累的菜园,所以我学会了如何种植蔬菜并制成罐头加以储存,而这是很多城里的孩子从未有过的人生经历。"这种人生经验,让她明白了一个道理,那就是当面对物质资源问题时,大多数人都能相互协作并且是为了公共利益。

从小,埃莉诺在母亲的带动下,是个爱劳动爱思考的好孩子,可是不知是遗传基因,生理发育,心理压力和语言行为等哪方面造成的,埃莉诺说话时,常有字音重复或词句中断的现象,这是一种习惯性的语言缺陷。她的这种语言失调症一直伴随着她的小学生活。

上中学后,为了治愈口吃,为了克服演讲上的困难,埃莉诺所在的中学特意让她参加学校的演讲组。她第一次上台演讲的内容是诗歌,她的表现受到其他组成员的取笑。但是,很快她就与那些取笑过她的组员中最好的辩手对阵起来,进行辩论和即席演讲。她说:"在中学,辩论是一件极为美好的事,特别是理解凡事皆有两面,从而必须明白两面存在着争论。"

美国的大萧条经济影响着埃莉诺的发展,她是家中的长女,父母都只是中学毕业,并且认为大学是"无用的投资"。

她中学毕业后希望读大学,但家人并不支持,因为在20世纪五六十年代,女性在教育和职业领域并不受欢迎。但她坚持申请了加州大学洛杉矶分校,并用3年时间完成了学业,课余时间靠教人游泳赚取生活费,在大学图书馆、当地一元店打工,还做过其他工作,每周工作25小时至30个小时,尽管这样忙碌,在毕业时她手里只有8美元。

1954年21岁的埃莉诺大学毕业后,曾在波斯顿的一家法律公司担任了三年的助理人事经理。由于未能完全融入当地的生活,她回到了洛杉矶,开始了在加州大学洛杉矶分校人事部门的工作。她说:"我决定一个学期选修一门课程,以获得公共管理硕士学位。我被所选的课程深深吸引了,以至于我决定辞掉工作重新回到学校读书,在那时,美国还没有妇女就读研究生院校。"

埃莉诺在工作了几年之后决定读研究生,但遇到的仍然是冷嘲热讽,但她是一个执著坚毅的女性,于1965年获得美国加州大学伯克利分校政治学博士学位。此后,她来到丈夫文森特·奥斯特罗姆任教的印第安纳大学布鲁明顿分校,并在政治学系任教,陆续晋升为副教授、教授、政治学系主任。

埃莉诺·奥斯特罗姆有一个好听的中文名欧玲,她的丈夫中文名为欧文森,是美国著名政治学家、政治经济学家、行政学家和政策分析学家,美国公共选择学派的创始人之一。她与丈夫比翼双飞多次访问中国,与丈夫建立的中心研究网络已经遍及世界各国,他们建立的美国印第安纳大学政治理论与政策分析研究所,在国际政治学界、行政学界以及经济学界都有重要的影响。

所以，2009 年埃莉诺获得诺贝尔经济学奖并不是偶然的，而是她凭借着对经济治理的分析，尤其是对普通人经济治理活动的研究方面的贡献获得的。

在颁奖声明中，瑞典皇家科学院称赞埃莉诺·奥斯特罗姆"对经济治理研究作出的卓越分析"，使经济管理学从"边缘"到"前沿"，证明了公共资源怎样成功地由利用它的企业所管理。埃莉诺·奥斯特罗姆的研究证明了用户组织如何成功管理公共财产。

在同事和朋友眼中，埃莉诺是一个卓越的女性典范。她在新闻发布会上谈到如何使用所获奖金时说："以前我的奖金都是和印第安纳大学基金会合作共同使用的。这次我的方向是投资在我的研究室，把钱花在我的学生和优秀的同事们身上。"

亚利桑那州立大学人类进化和社会发展学院的主任对埃莉诺奥评价说："埃莉诺·奥斯特罗姆通过开创性地将经济学、人类学、政治学等学科结合在一起，打开了制度经济学和公共决策研究的新视角，作为一名科学家，她不仅才华卓越、具有革新精神，并且十分谦虚和慷慨，始终如一地与美国以及全世界的同行共享研究成果。"

逐梦箴言

从口吃到演讲高手，再到金融危机造就的"巾帼英雄"，她挑战了认为公共资源只能由政府管理或私有化的传统理论，对很多国家的政策实践和研究都有很深远的影响，她成了新制度经济学专家，又以第一位女性的身份获得了诺贝尔经济学奖，几乎拥有了一个学者可以梦想的所有荣誉。

经济学家

人类学

人类学是研究人类的本质的学科。从生物和文化的角度对人类进行全面研究的学科群，最早见于古希腊哲学家亚里士多德对具有高尚道德品质及行为的人的描述中。在 19 世纪以前，人类学用法相当于今天所说的体质人类学，尤其是指对人体解剖学和生理学的研究。

政治学

政治学是一门以研究政治行为、政治体制以及政治相关领域为主的社会科学学科。在西方，政治学在学术领域里的研究也被称为政治研究、或只有政治两字。政治学意味着在学术上的研究领域，政治研究则代表了更广泛的研究领域。

最早的经济学家
——柏拉图、色诺芬

著名思想家、教育家、哲学家苏格拉底,有两位名气起码不比他小的学生,一位是柏拉图,另一位是色诺芬,他们被后人誉为著名的思想家、哲学家,其实也完全可以称得上是著名的经济学家。

这两位唯心主义哲学早期的代表人物,虽然因为坚定地跟随老师苏格拉底,拥护斯巴达的贵族专制,反对当时作为整个希腊的统治中心——雅典的奴隶主民主政治制度,而长期被迫流亡在外,但他们对经济学的早期研究,在当时的思想认识水平的确是超前的。

柏拉图在他 40 岁那年即公元前 388 年,结束了长达 11 年的流亡生活被准许回到雅典。他继承先师遗志开办了一所名叫"阿卡德弥亚"的哲学学园,以讲学为生。在他那不朽的著作《理想国》和《法律论》中,较为系统地分析研究了商品的使用价值和劳动分工,并从社会分工的角度出发,来论证管理国家的原则。在《理想国》中他甚至使用生产率的分析方法,简单地推算出城市的理想规模是 1054 人,可说是西方历史上研究经济学的第一人。

柏拉图是古希腊伟大的哲学家,也是全部西方哲学乃至整个西方文化最伟大的哲学家和思想家之一,他和老师苏格拉底,学生亚里士多德并称为古希腊三大哲学家。另有其他概念包括:柏拉图主义、柏拉图式爱情、经济学图表等含义。

柏拉图原名阿里斯托勒斯，那么又何以改称"柏拉图"呢？原来，他自幼身体强壮，胸宽肩阔。因此体育老师就替他取了"柏拉图"一名，因为"柏拉图"在希腊语里的意思是"宽阔"。后来，柏拉图的名字被沿用下来，流行至今。

柏拉图出生在公元前427年一个雅典贵族家里，他的父母都出自名门望族，在当时的奴隶社会，名门望族自然都是奴隶主，是政治家。他的父亲名叫阿里斯通，他的家谱可上溯到雅典科德鲁斯王；他的母亲名叫珀克里提俄涅，是雅典立法者梭伦的后裔，到柏拉图这里，是梭伦的第六代后裔。

在柏拉图很小的时候，他的父母就给他讲先祖梭伦的故事，渐渐地他也会讲："梭伦，生于雅典，出身于没落的贵族。他年轻时一面经商，一面游历，到过许多地方，漫游名胜古迹，考察社会风情。他是古代雅典的政治家，立法者，诗人，是古希腊七贤之一。他在前594年出任雅典城邦的第一任执政官，制定法律，进行改革，史称"梭伦改革"。他在诗歌方面也有成就，诗作主要是赞颂雅典城邦及法律的。他是古希腊最杰出的政治家之一，也是一位多才多艺的诗人。"

柏拉图从4岁时开始接受文化教育，他7岁时进入学校系统地学习。

柏拉图才思敏捷，研究广泛，一生著述颇丰。但他对西方哲学的启蒙作用被普遍得到人们的认可，也因为他卓越的人格而备受尊重，特别是根据他的理论，建立了烦琐和庞大的经院哲学。

同柏拉图相比，作为同门师兄的色诺芬出生在公元前354年，是雅典人，是古希腊历史学家、作家。色诺芬知道物品有使用和交换两种功用。他根据奴隶制自然经济的要求，确定财富是具有使用价值的东西。他所规定的奴隶主的经济任务，是更有效地剥削奴隶，以增加由奴隶剩余劳动所创造的剩余产品的收入。

色诺芬十分重视农业问题。他认为农业是其他技艺的母亲和保姆，是希腊自由民的最好的职业。农业繁荣，百业兴旺；土地荒芜，则百业凋零。农业是奴隶制自然经济的物质基础。但他对手工业抱着鄙视的态度。

色诺芬从使用价值角度考察了社会分工问题，他认为一个人不可能精通一切技艺，所以劳动分工是必要的。社会分工能使产品制作更加精美，更加提高产品的质量。

色诺芬依据市场上出现的现象和生活经验，了解到商品价格的波动依存于供给和需求的变化，也意识到由供求变动而产生的价格变动会影响到社会劳动的分配，但他不可能对这些问题作出科学的解释。

后来，虽然他也受老师苏格拉底一案的牵连，但相比之下，他则要运气好得多。他在流亡期间因积极参与雅典的军事远征，并屡立战功，于是不仅获得了赦免，还得到了一座庄园和一大群奴隶作为奖赏。使得色诺芬能有条件更多地进行一些理论的思考。他在他的《经济论》中首次指出了商品具有两种用途，其一是直接使用，其二是用于交换。所有的史料证明，他是最早提出价格随供求关系波动，同时这种波动将直接影响社会劳动的重新配置的学者。

在他的另一部代表作《雅典的收入》一书中，色诺芬指出了社会劳动分工有益于劳动生产率的提高，他还认为分工程度的高低是与市场规模的大小有直接联系的，此外他还详细论述了作为希腊的中心城市雅典的人口与百业。色诺芬与柏拉图一样，都强调劳动在形成商品价值或价格中的重要作用，算得上是西方最早研究价值论的先驱者。

逐梦箴言

他们是被称为西方的孔子苏格拉底的学生，他们通过理论，开创了一个新的时代；他们不但在思想、哲学方面有很大的造诣，也是古希腊时期为数不多的研究经济学问题的先贤之一；虽然千年前的他们离现代越走越远，但是他们的思想对后世的影响是巨大的，他们是东西方的先哲，名字将被世代铭记。

励志人生好职业

使用价值

使用价值是一切商品都具有的共同属性之一。任何物品要想成为商品都必须具有可供人类使用的价值；反之，毫无使用价值的物品是不会成为商品的。使用价值是物品的自然属性。

劳动分工

劳动分工是组织生产的一种方法，让每个劳动力专门从事生产过程的某一部分。

天才经济学家
——大卫·李嘉图

经济学刚刚诞生的时候，几乎所有的经济学家都是业余经济学家。那个时候，大学里面也没有经济系，政府也没有开办经济研究和顾问机构，要搞经济学研究，就得自己先解决资金问题，解决生活问题，然后才有资本谈得上研究经济学。而英国古典经济学家大卫·李嘉图正是这么一个典范，而且，他是有史以来最富裕的经济学家，是英国资产阶级古典政治经济学的完成者。由于他在经济学上取得突出成就，他被称为天才的经济学家。

1772 年 4 月 8 日，李嘉图出生在伦敦一个资产阶级犹太移民家庭，他的父母都是犹太人，他是家里 17 个孩子中的第三个孩子，由于家里孩子太多，他在童年所受教育不多，但是父母从小就对他们进行了严格的品德教育，教育他们要诚实守信。

在李嘉图 9 岁那年，有一天在放学的路上，看见一家百货商店的橱窗里摆着一双鞋，凹口有皮毛，式样很新。李嘉图想："要是自己穿上这双鞋同学们肯定会很羡慕。"

于是，为了满足自己的虚荣心，回到家里，他吵着让父母把那双鞋买来。父亲一再劝说李嘉图慎重考虑，可是，李嘉图执意要买。于是，父亲说："我答应给你买一双鞋子，但是我们要约定，买来一定要穿，直到穿小为止。"李嘉图爽快地答应了。

鞋子买回来了，他才发现，这是一双木鞋，是用来做样品的。穿上去不但不舒服，而且，这双木鞋会发出很大的响声。他本来想满足一下自己的虚荣心，结果让他在同学面前丢尽了脸。同学问他为什么不换一双舒服点的鞋子。他说："我已经答应我爸爸，必须把这双鞋子穿小，才能再换别的鞋子穿。"

有个同学说："我可以借给你一双鞋子，你可以在学校里偷偷地穿，回家的时候再换上那双木鞋。"

李嘉图说："谢谢你，我不能接受。我已经和爸爸有约在先，我爸爸已经按照约定给我买了这双鞋子，我也必须按照当初的约定一直穿着这双鞋子，不然就是不守信用。"

就这样，李嘉图一直穿到脚长得穿不进去的时候，才开始换别的鞋子。

这件小事对李嘉图的影响很大，他一生都以诚信作为自己的人生准则。后来，他成为的一名世界著名的经济学家，他的鞋子故事也被流传下来。

李嘉图12岁到荷兰商业学校学习，那时候的荷兰，可是全球商业最发达的地区。两年后，因为他父亲善于投机钻营，是交易所的经纪人，由于在证券交易行业里很讲信用，深得同行们的欣赏，事业上发展很顺利。父亲为了把自己的孩子培养成优秀的接班人，在李嘉图14岁时，就随父亲从事证券交易活动。

在父亲的指点下，李嘉图16岁时已成为英国金融界的知名人物。1793年21岁的李嘉图独立开展证券交易活动，很快便获得成功，25岁的时候，已成了一位拥有3000万法郎财产的富翁了。以后，他停止交易所活动，这时的李嘉图深感早年教育不足，因此在经济生活有了保障以后开始自学。

1799年27岁的李嘉图在某温泉胜地养病期间，偶然看到了《国富论》一书，他说："我非常喜欢这本书，以致要取得研究的体验。"这是李嘉图对经济学产生研究兴趣的开始。

此后，李嘉图经常阅读詹姆斯·穆勒主编的主张自由贸易的《爱丁堡评论报》。1808年詹姆斯·穆勒出版了阐述自由贸易主张《商业保护论》，李嘉图大为赞许。此时，詹姆斯·穆勒已经是一位有影响的历史学家和逻辑学家。他说："我对穆勒深为敬佩，特别对詹姆斯·穆勒受到我所缺少的正规的教育很是羡慕。"就这样李嘉图主动与之结识并成为知交。此后，李嘉图与詹姆斯·穆勒经常就当时的热点问题座谈和通信讨论，李嘉图的知识素养和研究能力得到培养和提高。

1817年李嘉图发表了《政治经济学和租税的原理》一书，让他很快成为英国经济学界的权威。由于他在经济界的名望。1818年被选为州长，第二年被选为下院议员。以后，他除了继续从事著书外，还致力于英格兰银行的改革。

在经济理论研究方面，李嘉图算得上是一位大器晚成的奇才，他27岁时才第一次读到经济学理论，35岁发表他的第一篇经济学论文。随后就一发而不可收拾，在他14年短暂的学术生涯中，为后人留下了大量的著作、文章、笔记、书信、演说。有学者说："他之所以能在著作中喜欢抽象的演绎推理，跟他的犹太血统有关。"

后人对李嘉图的敬仰不是因为他的投机传奇，这位经济学说史上一流的思想家，他所受到的正规教育是一个伟大的经济学家所受到的最贫乏的教育，这样，他作为一个经济学思想家的成就就必须归之于天才。

逐梦箴言

他是商业天才，是一个金融天才，他对经济学发展的开创性贡献很大，他形成了一个庞大的经济学理论体系，他正式建立起了古典经济学的大厦。他的比较优势理论对于自由贸易的贡献却是不朽的；他的科学建树、理论达到资产阶级界限内的高峰，对后来的经济思想有重大影响，他不愧是一个天才的经济学家。

知识链接

古典经济学

古典经济学是凯恩斯理论出现以前的经济思想主流学派，由亚当·斯密在1776年开创。一般说来，该学派相信经济规律，特别如个人利益、竞争决定着价格和要素报酬，并且相信价格体系是最好的资源配置办法。

证券

证券是多种经济权益凭证的统称，是证明证券持有人有权按其券面所载内容取得应有权益的书面证明。按其性质，不同证券分为证据证券、凭证证券、有价证券等等。

励志人生好职业

● 智慧心语 ●

我们的晚餐并非来自屠宰商、酿酒师和面包师的恩惠，而是来自他们对自身利益的关切。

——亚当·斯密

开始是工作的最重要部分。

——柏拉图

从事农业在某种意义上是一种享乐，也是一个自由民所能做的增加财产和锻炼身体的手段。

——色诺芬

要想向我学知识，你必须先有强烈的求知欲望，就像你有强烈的求生欲望一样。

——苏格拉底

土壤固有的不可毁灭的力量。

——大卫·李嘉图

第九章

用汗水浇灌成功之花

○导读○

一个人生命的美丽，永远展现在你的进取之中，就像大树的美丽，展现在它负势向上高耸入云的蓬勃生机中；江河的美丽，是展现在它波涛汹涌一泻千里的奔流之中。成功的花儿，人们只羡慕它的美丽，却不知道这明艳浸透了血汗的奋斗，每一个成功的背后，都隐藏了无数的酸甜苦辣，成功之花是用汗水浇灌出来的。

兴趣广泛的"快乐经济学家"

——黄有光

黄有光

2007 年获得澳大利亚经济学会最高荣誉杰出学者奖，他是位华裔经济学家，在经济学领域提到黄有光，大概人们都会不约而同地想到他是一位快乐经济学家，他的理论，以及他为自己理论的身体力行，都为这样的名头提供证据。但是快乐还只是表象，其实"宽容"才是更能描述这位有着"笑侠"之称的经济学家的真正性情。

黄有光祖籍广东潮州，1942 年出生在马来西亚，他是父母 7 个孩子中的最小的一个。那时候家里孩子多，生活条件很不好，但是后来他却说："童年的拮据的快乐，对我后来创立福祉经济学带来了很大的影响，让我认识到财富对于真正快乐的贡献程度并不占据绝对地位。"

同童年拮据的快乐相比，还有一件事也是让他终不能忘怀的，那时小学是 6 年制的，但黄有光却足足读了 8 年，为什么？分别念了两次二年级和三年级。因为导致留级的主要原因在于他语言的学习能力很差、对环境也不是很熟悉。

小学降了两次级后，到第二次读三年时，黄有光成绩变成了班级第一，从此他对学习有了兴趣。在读高中的时候，黄有光大部分的时间并没有真正投入到学习之中，而是冒着被逮捕的危险，参加了当时的地下"左翼运动"，经常逃课参加游行，有几次差点被学校开除。从这时候黄有光开始认识到只有知识救国才能提高国家和人民福祉,于是他把做一个经济学家作为自己的理想,自己要真正从事学术研究。

1965 年黄有光的一篇文章发表在美国《政治经济杂志》上。老师看到后说:"一开始,我不相信他的文章发表了,但是当看到那份杂志时,我才意识到,他虽经常逃课,但却是一个很用功的学生。"

这以后,他又有很多经济学论文在国际知名期刊上发表,这不但让他在经济学界声名鹊起,也激起了他继续探索研究的兴趣。

1966 年黄有光在新加坡南洋大学获得学士学位,1971 年在悉尼大学获得经济学博士,1980 年被选为澳大利亚社会科学院院士,1986 年成为被选收入《主要经济学家传记词典》。

黄有光的研究兴趣非常广泛,他的经济学理论也充满了创意,他自创的第三优理论和综观经济学,使他获得了 20 世纪 80 年代"不完全竞争下的宏观经济学之微观基础开创者"的头衔。他还爱好读书著文,他说:"做经济学研究是我第一件快乐的事,读书是我人生第二大快乐的事。"除了写学术论文,他还写了一部武侠小说《千古奇情录》。

黄有光在中国经济问题、福祉经济学与公共政策、提创综合微观、宏观与全面均衡的综观分析等方面都做出了贡献。他 1980 年前后提创综观经济分析法,他是综观经济分析法的创始人。然而,将经济学界流行的"福利经济学"改为"福祉经济学",又成为他的主要成就之一。另外,他著有《福祉经济学》、《经济与快乐》、《金钱能买快乐吗?》等著作,他以独特视角为公共政策的评判指明了方向,为读者及大众构筑出一个"快乐的经济社会"。

黄有光知识渊博,作为华裔经济学家,黄有光一直心系华夏,在访谈中,每提起中国,他总称"本国",赤子之心,华人共鉴。目前,在中国复旦大学等高校里,黄有光设立了奖学金,以奖励那些有志于研究福祉经济学的学生。

根据互联网上一份统计资料显示,黄有光是在世界顶级经济学杂志发表论文最多、且被引用次数最多的华裔经济学家。斯坦福大学教授、美国著名经济学家、1972 年诺贝尔经济学奖得主肯尼斯·约瑟夫·阿罗曾赞美他说："黄有光教授是研究经济政策分析基础理论的许多学者当中,最具原创性想法的学者之一。"这使我们完全有理由相信,黄有光是当代极少数对西方经济学主流理论作出贡献、并被西方主流经济学界承认的华裔经济学家之一,可谓是"最接近诺贝尔经济学奖的华人经济学家"。

逐梦箴言

作为一名兴趣广泛的快乐经济学家，他让经济为快乐服务,让经济学应用到政策上时,把人们的福祉或快乐作为终极目标,他将福祉经济学推到全新高度;他是"笑侠"之称的经济学家,快乐成为他的一种信仰,他是综观经济分析法的创始人,是最接近诺贝尔奖的华人经济学家。

知识链接

福祉经济学

福祉经济学是研究社会福祉在一经济状态比另一状态相比高或低的学科。

公共政策

公共政策是公共权力机关经由政治过程所选择和制定的为解决公共问题、达成公共目标、以实现公共利益的方案。

著名的华人经济学家

——陈志武

陈志武是华人著名经济学家、耶鲁大学终身教授。曾获得过墨顿·米勒奖学金。2000年一项颇得全球经济学家首肯的世界经济学家排名出炉，在前1000名经济学家中，仅有19人来自中国，陈志武的排名是第202位。对这个被国内媒体津津乐道的榜单，他说："这些排名的局限性很大，就是根据在那几年发表的论文、被引用率来排名。大家各自研究的领域不同，排行的价值判断是非常主观的。"

1962年7月陈志武出生在湖南省茶陵县，他的父母都是农民，他的童年和青少年都是在田野、山岭上度过。整个启蒙阶段都在"文革"期间，没好好上过课，他说："老师都是本村本镇的，没有人上过大学，给不了启发性教育，就是按教科书很枯燥地讲。"

整个少年时代，陈志武几乎也没读过什么课外书，那个时候一本书几毛钱，也没钱买。后来，他说："那个时候，货币使用的限制还很大，并不是严格意义上的通货。通货应该是不受约束的，而不是还需要粮票、油票、布票、火柴票。"

但是，陈志武同50年代出生的人相比，他还是幸运的，在他17岁时，国家恢复高考，他成了中南大学一名大学生，1979年他第一次离开了茶陵县老家，来到大城市长沙读书。

班上的同学都来自不同的城市，他说："和他们一比，才知道生活条件、父母家庭带给他们的影响和自己有多大的差距。"于是,他意识到只有刻苦努力学习,才能缩小与同学的差距。通过努力,他的数学打下了扎实的功底,外语学得很好。他说:"我每天坚持看《中国日报》、听美国之音,到毕业时,听英语广播已经不用先在大脑里翻译成中文。"

1983 年陈志武获得中南大学理学学士学位,1986 年,获国防科技大学硕士学位。在国防科大读研时,陈志武经常去湖南省图书馆借书看,印象最深刻的,一套是 80 年代非常有影响力的《走向未来》丛书,还有商务印书馆出版的一系列介绍西方思想家、政治学家的经典著作,他说:"对我影响最大的,还是佛里德曼的《自由选择》。"

在国防科大读研时, 他还结识了影响他走上学术之路的人——崔之元。后来,崔之元成为清华大学公共管理学院教授、博士生导师,任西南政法大学世界与中国议程研究院联席院长。当年他们相识时,崔之元还只是数学系大一学生,读过非常多的书,高中时就在大学学报上发表过文史哲方面的文章,主要研究兴趣在政治经济学和政治哲学领域。崔之元与著名哲学家李泽厚关系很好,常有往来,与他们交往,让陈志武对社会科学、哲学都有了兴趣。

在崔之元的建议下,陈志武选了金融学,他说:"当时我连金融这个词都不清楚是什么意思。他当时给我看了一些书,但我还是没有搞清楚……"

1986 年陈志武被国防科大留校任教。那时正是 20 世纪 80 年代中期,出国留学之风盛行,陈志武开始尝试申请美国的一些大学,他给耶鲁大学一位老教授写信说:"我没有参加托福和 GRE 考试,因为当时中国的外汇管制很严,参加这些考试都需要 32 美元,而我一美元都找不到。"陈志斌给耶鲁负责招生工作的教授写信说明原因, 他们答应让陈志斌免掉托福和 GRE 的考试。

陈志武写给耶鲁大学那位老教授的信,本来是报着试试看的想法,可是他没有想到,四个月后,一封来自耶鲁的录取通知书改变了他的命运。他带着几十美元,登上了去美国的飞机。1990 年,他获得耶鲁大学经济学博士学位,1999 年晋升为金融学教授并获得耶鲁大学终身任教资格。

陈志武的研究成果越来越多地发表在《美国经济评论》、《经济理论》与《金融经济学》等主流学报上。在美国、欧洲、日本，以及中国香港等地的金融经济学圈子里，陈志武这个名字被越来越多的人所熟知。后来，他出版了《24堂财富课》、《金融的逻辑》、《陈志武说中国经济》等书。其中，《金融的逻辑》把历史、社会文化与现代金融联系起来，把枯燥专业的金融问题阐述得通俗而有趣，试图从另一种可能性来解答近代中国落后之原因。尤其是对中国传统儒家伦理部分运用金融学分析，引起了社会巨大的兴趣及热议。

2006年美国《华尔街电讯》公布了一份十大华人经济学家的榜单，陈志武名列其中。这份引人注目的榜单把学术影响力作为最重要的评价指标，其次是经济影响力和社会影响力。

逐梦箴言

他是中国一个普通的农家里长大的孩子，童年的贫穷和磨砺，让他对中国的经济转轨有着切身感受，并成为他一生的财富；他从山村少年成长为著名的华人经济学家，他在股票、债券、期货和期权市场以及宏观经济专业领域里通过自己的努力，成为严肃认真的科研项目中的佼佼者，他在人生的自由市场上纵横驰骋。

知识链接

托福

托福是由美国教育测验服务社举办的英语能力考试，全名为"检定非英语为母语者的英语能力考试"，中文音译为"托福"。

GRE 考试

　　GRE，中文名称为美国研究生入学考试，适用于除法律与商业外的各专业，由美国教育考试服务处主办，是世界各地的大学各类研究生院要求申请者所必须具备的一个考试成绩，也是教授对申请者是否授予奖学金所依据的最重要的标准。

著名的华人经济学家
——邹至庄

1989 年美国的《教育经济学报》公布"全球经济学家排行榜"著名的华人经济学家邹至庄名列第 28 位，是华裔经济学家中排名最靠前的。1993年美国密歇根大学"经济学俱乐部"评选的"29 位伟大的经济学家"，邹至庄是唯一上榜的华裔学者，排名第 8。在美国密歇根大学曾经模仿 NBA 明星卡制作出一套经济学家名人卡，邹至庄是其中唯一的华人。

邹至庄美国普林斯顿大学教授。他是著名的计量经济学家，最主要的贡献是"邹氏测试"，提出动态经济学谱分析方法和最有控制方法，是研究耐用品需求函数的先驱。另外，他在经济学的多个领域都有所建树，共出版专著 11 部，发表论文 160 多篇。在 20 世纪 80 年代初，他就十分关注中国的经济改革问题，是最早研究中国经济问题的海外学者之一，并出版了专著《中国经济》。

1929 年邹至庄出生在广州郊区的东山槟园。他的父亲邹殿邦很多年前曾一直担任广州商会的主席，与胡汉民、廖仲恺等人均有来往。广州商会是广东最早的具有近代意义的商人团体，代表大商人阶层的利益，是广东政治势力最大的商会。他受父亲影响，从小就喜欢数学和经济学，他说："父亲教导的人生哲理与经济学理论原来也是'兼容'的。"

邹至庄的母亲曾经在英国留学，也是一位知识女性。他说："在这样的家庭中长大，我得到了两个最重要的教诲：一是要设身处地、将心比心地理解对方的观点和立场；二是要有恒心和毅力，只有不断积累过往的经验并学习新的东西，才能提高自己的能力。"

1937年日本侵略中国，8岁的邹至庄跟随父母被迫从广州迁到香港居住。1942年香港沦陷后，全家人又搬到了澳门。1945年第二次世界大战结束后，他们又回到了故乡广州。在频繁的搬家中，对少时广州的记忆，邹至庄已经淡忘，只记得海屋旁边的珠江每年五月有赛龙船等趣事。1948年，在广州岭南大学学习一年后，邹至庄开始了到国外留学的生涯。在念大学时他听从母亲建议学政治，后来转向经济学。

1951年邹至庄到芝加哥大学攻读经济学硕士与博士学位。由于第一年就通过了学科考试，所以在1952年他就取得了硕士学位。之后的一年，他既不用上课也不用读书，于是满怀希望，以为两年之内就可以把博士论文写完，谁知花了整整一年的时间，竟还找不到合适的题目。但邹至庄这样折腾一年，决非白白浪费，他得到了很多无形的训练。从写博士论文开始，他就形成了这么一个研究进程：先花时间把有关的经济理论弄清楚，然后再接触实际的数据资料，之后研究成果就会水到渠成地出来了。

邹至庄从学习中得到了一条体会：即与别人共事，一定要考虑对方的利益。他说："从本质上讲，经济学是一门以个人主义哲学为灵魂的学科，单独决策要讲求自身利益最大化；合作决策则要讲求激励兼容，即设法在实现自身利益最大化的同时实现对方利益最大化。经济学不仅是一门研究事实的学科，更重要的是，可以从中学到待人处世的哲学。"

对于如何做学问，邹至庄有自己的一套想法。他觉得，只要每天有三四个小时头脑清醒全力以赴地思考问题就够了；即使是富于独创性的问题，有五个小时也可以了。至于思考什么问题，可以在每天起床时先考虑一下。如果对一个问题，每天都能思考得更深入一些，日积月累起来，几个月后，问题就能迎刃而解。

而对大的研究方向，邹至庄则觉得应以兴趣为主，机会为辅。如果没有兴趣，研究一定做不好。但如果光有兴趣，没有机会，也难以成事。他说："兴趣是最重要的，因为我自己就有过这样的经验。曾有两家电脑公司为权益纷争而诉诸法院,请我代表其中一家公司提供证词。但是阅读有关文件后,却深感厌倦,觉得就学术研究而言,这件事实在没有什么价值,所以也就不想赚这钱了。官司前后持续了一年,结束的时候,我大有如释重负之感。"

1960年,邹至庄发表了他的成名作:《检验两条线性回归方程式的系数是否相同》,正是在这篇论文中,他提出了著名的"邹氏检验",并由此在经济学界声名鹊起。可以说,"邹氏检验"的创立开始于邹至庄对美国汽车需求的研究,该检验主要是用计量的方法来研究经济学,用回归的方法对经济中结构性的变化进行研究的一种统计检验,目的是找到经济变动中不同变量的关系。现在,"邹氏检验"已经成为计量经济学中的重要工具。

邹至庄在促进中国与美国经济学界交流方面也有重要贡献,他举办"邹至庄留学计划"。他亲自出题选拔优秀的中国学生,举荐他们到美国学习现代经济学,种种示范效应使经济学在内地成为被广泛关注的学科。虽然这个只举办了三期的学习班意义堪比经济学界的"幼童留美计划",但是却让杨小凯、李稻葵、周林、方星海、许小年、胡祖六、李山等人受益,这批人大多成为中国经济学界的重要人物。

逐梦箴言

作为在世界经济学领域举足轻重的华人经济学家之一,他在计量经济学、应用经济学以及动态经济学等领域都做出过杰出的贡献,他因提出著名的"邹氏检测"而闻名国际经济学界。他在世界经济学家中脱颖而出,为华人增光;他用实际行动报效祖国,作为中国现代经济学的播种人,他为中国经济把脉,为促进经济学交流发展做贡献。

知识链接

动态经济学

　　动态经济学是针对于时间路径上的变化进行的经济学理论研究。动态经济学是相对于静态经济学而言的。

计量经济学

　　计量经济学是以数理经济学和数理统计学为方法论基础，对于经济问题，试图在理论上的数量接近和经验（实证）上的数量，接近这两者进行综合而产生的经济学分支。

励志人生好职业

获诺贝尔奖正式提名的
中国经济学家 —— 蒋硕杰

    1993 年被誉为全球六大杰出华裔经济学家之一的湖北籍教授蒋硕杰，成为首位获诺贝尔经济学奖提名的中国经济学家。据著名经济学家、北京大学张友仁教授介绍说："我们有鉴于蒋硕杰教授在货币金融理论和实践上的突出贡献，他的理论是当代货币金融理论的最高成就，认为他应当是诺贝尔经济学奖的恰当得主。正当我们在酝酿联名和写材料向瑞典皇家科学院，提名他为诺贝尔经济学奖候选人之际，突然传来了他经不幸病逝的消息。按照诺贝尔奖只奖给在世人物的评奖规定，真是令人扼腕痛惜，就这样与中国学者最有可能获奖的机会，擦肩而过。

    蒋硕杰祖籍湖北应城人，1918 年 8 月 25 日出生在上海，他的父亲名叫蒋作宾，字雨岩。1884 年出生在湖北应城一个贫苦家庭，1905 年被选派到日本留学，期间与孙中山相识，并于 1905 年 7 月成为同盟会第一批会员。辛亥革命爆发后，他用计使清廷炮弹运输滞后，为革命军争取了宝贵时间。汉阳失守，武昌告急时，他又冒险赶赴九江，火速请来李烈钧的队伍。南京临时政府成立后，28 岁的蒋作宾首任陆军部次长，并被授予陆军中将军衔。他反对袁世凯复辟，支持民主革命。曾任民国政府的第一任驻德国公使兼驻奥地利全权公使、驻日公使和首任驻日大使，内政部部长及安徽省政府主席。

    蒋作宾 1943 年病逝，被国民党追认为上将军衔。蒋作宾兄妹 5 人，连襟中也有两位风云人物:国民党元老邵元冲;中国科学院副院长、我国著名气象学家竺可桢。

从蒋作宾开始整个家族在中国近现代史上名人辈出。蒋硕杰是家里14个孩子中的第四个,他的父亲是公认的清官。他的工资收入,全都用来培养子女。在他们14个兄弟姐妹中,有8人留洋,2名硕士,2名博士,有的在北大、北师大、长江水利委员会任职,都已成为国内知名教授;有的是世界经济学家;有的在海外企业任高管。孙子辈33人中15人留洋,6个博士,7个硕士;重孙辈中12人以上或在美深造,或在海外工作。

1921年蒋硕杰从3岁时起,与哥哥、姐姐共同在家庭教师朱子秋的教育下学习文化知识,1926年在他8岁时,插班进入姨母张默君创办的神州女学附属小学的四年级。两年后,转学南洋中学附属高小二年级,并于翌年进入南洋中学。16岁到日本读过庆应大学预科。

21岁到28岁这8年间,蒋硕杰先后就读于英国伦敦政治经济学院和剑桥大学,1931年获得伦敦政治经济学院经济学学士,后来曾受经济学大师哈耶克的帮助,最终于1945年获得经济学博士。

在英国伦敦政治经济学院学习时,蒋硕杰师从诺贝尔经济学奖得主哈耶克,攻读哲学博士和经济学博士,并继承了导师的经济学精髓:"除管制、自由化"、"反对凯恩斯政策"、"抑制通货膨胀"。

在伦敦政经学院就学期间,蒋硕杰曾发表数篇论文刊登在该校主办的学术期刊《经济学刊》上,更获得象征最佳论文的"赫其森银牌奖"。

在经济学界,蒋硕杰被喻为奇才。一个朋友评价他说:"他不善于多讲话,善于静下来思考、写东西。作为经济学家,他很善于抓住对手观点的要害予以辩驳。"

蒋硕杰1945年冬返回中国,任东北行辕经济委员会调查研究处处长,1947年执教于北京大学,1948年在台湾大学执教。1954年至1960年,台湾当局根据蒋硕杰的建议,先是改采高利率政策以对抗通货膨胀,接着废除复式汇率,改采单一汇率,让新台币贬值到市场能够承受的价位。这种推动贸易自由化、鼓励出口、推进岛内外工业合理分工的自由经济市政策,稳定了台湾的物价，为台湾经济发展奠定了基础。

20世纪60年代至20世纪80年代，台湾经济进入"生根期"，蒋硕杰和刘大中等几位经济学家，又联名向台湾当局提出建议：经济政策要尽可能与市场供需力量配合，要加速经济自由化步骤。后来台湾能成为"亚洲四小龙"之一，他的理论功不可没。

蒋硕杰这个名字，除了经济学家熟悉外，外界都感到很陌生。他的弟弟蒋硕忠介绍说："这并不奇怪，因为他的主要学术成就和贡献是在我国台湾地区完成的。"

1947年他在执教北京大学期间，29岁的蒋硕杰就与马寅初等几位经济学泰斗一起，被北京大学经济系教授和法学院院长周炳琳提名为"中央研究院"院士候选人。在40岁那年，蒋硕杰被台湾地区中研院院长胡适亲自提名为中研院院士，他既是第一位经济学院士，也是人文组最年轻的一位院士。

蒋硕杰在海外生活了很多年，很多人都误以为他入了美国籍。其实，他一直是中国人，台湾前监察院长王作荣曾证实："刘大中与蒋硕杰都是20世纪50年代、70年代时常回台做经济顾问的著名经济学家，都持有绿卡，但不愿意加入美国籍。"蒋硕杰一生的言论和主张是"自由经济"、"市场经济"，是回归亚当·斯密时代的精神，不论是"重视储蓄"、"去除管制、自由化"、"反对凯恩斯政策"、"狭义货币、流量概念"，还是忧心"揠苗助长政策"，都同样证实了"反对政府干预、让市场机能充分发挥"这个平淡无奇看似简单的结论。他著有《皮特曼贸易圈的实际工资与利润差幅之变数》、《台湾经济发展的启示——稳定中的成长》、《汇率利率与经济发展》、《经济科学论文集：筹资约束与货币理论》等。

经济"狂人"张五常对蒋硕杰非常佩服，在1988年1月29日撰写的一篇悼文中写道："在经济历史上，这是很难办到的。为什么台湾有过人之处？已故的经济学者刘大中及仍健在的蒋硕杰，尤其是蒋硕杰，看来有一定的功劳。"不少经济学家认为，蒋硕杰关于外汇储备和汇率制度选择的论述，对今天中国大陆的经济政策也具有重要的指导意义。

逐梦箴言

　　他将新古典经济学派与重货币学派的思潮带进台湾经济学界，他为台湾的国计民生献计献策，他对台湾经济改革作出了极大贡献。他是截至目前唯一获得正式提名角逐诺贝尔经济学奖的华裔经济学家，虽然他与诺贝尔经济学奖擦肩而过，但是他为海峡两岸经济发展作出了突出贡献，让我们永远记住这个中国人。

知识链接

亚洲四小龙

　　亚洲四小龙是指自 1970 年代起经济迅速发展的四个亚洲经济体：韩国、台湾、香港、新加坡。这些位于东亚和东南亚的国家或地区在 1970 年代到 1990 年代经济发展高速成长。

自由市场经济

　　经济体制的一个极端是完全的自由市场经济，这种经济类型中根本没有政府参与，由经济系统中的个人或公司做出与自身有关的所有经济决策。自由市场经济一般与土地和资产私人所有的经济制度相联系。

励志人生好职业

● 智慧心语 ●

　　一个民族的精神风貌、文明程度、社会结构，以及政策可能酿成的行为方式，所有这些甚至更多，都记录在它的财政史上。那些明白怎样读懂这个历史所蕴涵的信息的人们，在这里比其他任何地方都更能清醒地预感到震撼世界的惊雷。

——约瑟夫·熊彼特

　　理论的和实证的研究都提出了这样的问题：政府管制究竟在多大程度上能够实现既定的目标，而正是为了这些目标才颁布管制措施的。

——斯蒂芬·布雷那、保尔·麦克韦

　　为增长而增长，乃癌细胞生存之道。

——爱德华·艾比

　　平等和效率(的冲突)是最需要加以慎重权衡的社会经济问题，它在很多的社会政策领域一直困扰着我们。我们无法按市场效率生产出馅饼之后又完全平等地进行分享。

——阿瑟·奥肯

第十章

情在经世济民精筹奉公

◦导读◦

　　在人类思想的漫漫长河中，经济学是一门研究稀缺资源如何有效配置以实现利益最优化的学问。经济学家们各领风骚，如同涓涓细流挟浪裹沙，形成了无数经典与流行相碰撞的拍岸惊涛，对整个社会科学的与时俱进发挥极大推动作用，对民众福祉获取和政府管理行为产生了极大影响。因此，人们把经济学称之为经世治国之学、济民理财之学，虽历经沧桑而魅力不减，成为社会科学的王冠。

现代经济学

现代经济学是 20 世纪中叶以来发展起来的、在当今世界上被认可为主流的经济学称为现代经济学。经济学是一门研究人类经济行为和现象的社会科学。现代经济学以研究市场经济中的行为和现象为核心内容,而市场经济已被证明是目前唯一可持续的经济体制。越来越多的经济学家认识到,经济学的基本原理和分析方法是无地域和国别区分的。"某国经济学"并不是一门独立学科,也不存在"西方经济学"与"东方经济学"或"美国经济学"与"中国经济学"的概念。然而,这样说并不排斥运用经济学的基本原理和分析方法来研究特定地区在特定时间内的经济行为和现象;实际上,做研究时必须要考虑到某地某时的具体的经济、政治和社会的环境条件。现代经济学代表了一种研究经济行为和现象的分析方法或框架。

现代经济学 20 世纪 60 年代以来最辉煌、最激动人心的发展是詹姆斯·布坎南创立的公共选择理论,加里·贝克尔创立的家庭经济学和道格拉斯·诺斯创立的新制度经济学。正是他们的理论创新,使经济理性的分析方法向政治学、社会学、人口学、法学和史学等领域渗透,从而被人们称作"经济学帝国主义"。公共选择理论"是在把经济学家的工具和方法扩大应用于集体的或非市场的决策过程中产生的"。新古典范式中的理性只是一种纯粹私人的选择,而现实社会中个人理性还包括了对公共产品和公共事务的选择。比如选民通过投票挑选政治家,政治家通过考察挑选官员,官员通过比较挑选方案等。诸如此类的问题对当事者来说仍然是"成本"和"收益"的比较问题,政治与公共事务也是一个"市场",每时每刻都在进行特殊的"交易"。因此,经济理性完全可以用来分析政府、政党、官员、选民以及特殊利益集团的行为。公共选择理论的创始人詹姆斯·布坎南因此获得 1986 年的诺贝尔经济学奖。

现代经济学在中国是理性的学科。中国由计划经济向市场经济的转轨,以及在世界经济中的崛起是一个历史性的事件。然而,中国的改革开放和发展并不是孤立的,是当今世界范围内经济体制向市场转轨是、经济全球化和经济发展之中的一部分。因此,中国与其他转轨国家和发展中国家一样,面临着很多相似的问题。当然,由于历史、经济、政治和社会背景的不同,各国具体经历和路径会表现出不同。

这些年来,各国在转轨和改革中面临的共同问题和采取的类似的方法和不同的解决办法,对经济学提出了一系列新的课题。我们不难发现,虽然不少已有的经济学理论适用于改革时期的中国,但不能一概而论。一些在成熟和常规市场经济中的经济学"常识"。因此,现代经济学以往的研究对象偏重于成熟经济和规范市场中的经济问题,或由计划向市场的大规模的制度转型在历史上尚属首次,所以,直接套用现代经济学已有理论的结论很难或不能完全解释由计划向市场的转轨过程中的一些重大问题。

现代经济学,在非经济学专业的人看来往往觉得很复杂,其实如果把握了经济学的核心思想,就会知道它并不像你想象的那样艰深。以市场为导向的经济改革和开放是多年来推动经济学作为一门社会科学在我国发生根本性变化的直接力量。多年来,我国的改革和发展取得了重大成就,市场经济体系正在全面建立。伴随着这一过程,现代经济学科的各个分支领域逐步被介绍到我国,并在高校讲授。今天,随着加入世贸组织,我国经济必然要全方位地与国际接轨并融入经济全球化的浪潮,经济改革和开放也将上一个新的阶梯。这一大趋势呼唤着我们的经济学学科要适应经济发展的需要,与现代经济学接轨。

中国的经济学家

"经济"一词，既频频出现在滚动播出的新闻报道中，也会被老百姓在茶余饭后所谈论。但究竟何谓经济？辞海上解释说：经济就是生产或生活上的节约、节俭，前者包括节约资金、物质资料和劳动等，即用尽可能少的劳动及原材料消耗生产出尽可能多的社会所需要的成果，就是用较少的人力、物力、财力、时间、空间获取较大的成果或收益；经济就是国家或企业、个人的收支状况，如国民生产总值、社会总产值、企业的产量与效益、个人的收入与支出等；经济就是经邦济世、经国济世或经世民等词的综合和简化；经济就是一种谋生术，是取得生活所必要的并且对家庭和国家有用的具有使用价值的物品。

经典的经济学教科书上说：经济包括宏观经济和微观经济，围绕着生产、分配、交换、消费等环节。就算一个人对时局再漠然，仍然逃脱不了经济形势、经济环境对其个人生活的影响，而经济行为更是一个人生存与发展的基本行为。

可见，"经济"的影响力与魔力有多大。于是，当经济学在今天成为一门颇受追捧的"显学"之时，人们丝毫无需见怪。同样，在"坐而论道"的学界，经济学家也异常"显赫"，知名经济学家的意见和观点，甚至能够对国家的经济决策产生深远影响。当下，在以经济建设为中心的中国，经济学家们堪称最为重要的智囊集团。

经济学说史，就是以马克思主义为指导思想，按照时间顺序来考察人类进入阶级社会以来经济学说的产生与发展的规律与特点。什么是研究中国经济改革的可取的方法呢？首先，研究要瞄准中国的现实，经济学家要懂得中国的国情。经济学乃经世济民之学，如果离开了具体的国计民生，任凭多深奥的理论、多漂亮的数学模型都不过是画饼充饥罢了。

著名经济学家凯恩斯说："政客大抵都是经济学家思想的奴隶。"一位中国经济学界的批评者说："中国经济学家很多时候都是西方经济学家的思想的奴隶。"就海外华人经济学家而言，对中国的政治变迁有着切身体验和真知灼见的，是少数；对中国经济体制改革，能用政治智慧从经济学的角度做出理论性批评的，是极少数；能同时具备这两个条件者，更是凤毛麟角。

"经世济国"，这是经济学家的至高境界。作为社会科学的重要组成部分，经济学与社会、时局联系紧密，经济学家们通常也是社会活动家。但中国的经济学家往往具有双重特质：既"入世"又"出世"。这个群体密切关注国家大政方针、经济运行形势，也潜心治学，著书立说；他们会及时表达自己的意见、发出警报，却也在学术的深海中游刃有余。20世纪60年，历史长河浩荡，中国涌现出一大批有胆有识、胸怀社稷的优秀经济学家，他们不仅教书育人、研究学问，带领中国经济学界稳步向前、走向世界，还情系祖国、心系民众，希冀自己的学识能够促进社会经济的发展与进步。

在中国被称为"经济学家"的有5000人，然而，能在国际主流学术刊物上发表论文的经济学者不超过100人，而在国际上有知名度的应该不超过10人。目前而言，中国经济学家在国际经济学界的影响力非常有限，他们的观点目前处于边缘状态，世界主流媒体很少关注中国经济学家的立场、观点和方法，主要原因不是中国人不聪明或中国经济规模小，而在于中国经济学教育体制和教育方法落后，经济学师资力量非常薄弱，本科生带博士生的现象比较普遍。就经济学教育而言，中国甚至还远远不如经济非常落后的印度，英语优势使得印度大学生可以尽快尽早地阅读西方经济学原著。要改变经济学家"数量多，质量次"这一客观现实，中国经济学界至少还要时间和努力。

■ 走近经济学家

聚光灯下,经济学家们有光环,也有争议。经济学的学科地位注定了经济学家们不会陷入寂寞,同时也昭示着他们必须背负争论。我们不可能要求所有的经济学家都能站在普通大众的立场、实现个人价值与社会价值的统一,但我们宁愿相信,多数的经济学家都心存良知与美好,为国家的发展和民众的福利尽心竭力。在建设社会主义市场经济的进程中,这种信念尤为重要。基于此,把这本职场励志系列丛书经济学家卷,命名为《为实现经邦济世而奋斗的人们》。

经济学家的言论,能通过政府实现的机会是很少的,但是他们还是在自己力所能及的范围内,全力投入去实行,对象是弱势群体,做的事情是比单纯慈善要难上千百倍的"造血"工作,这种勇气令我景仰。中国经济学家的言论观点事无巨细地影响着经济学的发展、国家大政、行业发展和市民生活。其中还不乏一些经济学家明星,他们观点独到、语言犀利并充满人格魅力。而我们最关心的是哪个经济学家的学术观点站在世界的前沿,谁是最受尊敬的经济学家,谁是最受争议的经济学家,谁是商务生活中最有权威的风向标?

新中国成立后,无论是在改革开放前的 30 年,还是改革开放后的 30 年,知名的经济学家不胜枚举。我们从中有针对性地选择出中外优秀经济学家 32 人,讲述他们个人成长的历史、奋斗的故事、人生的轨迹。经济领域的改革向来牵一发而动全身,未来中国的经济发展依然需要经济学家的谋划和韬略,让我们更多地关注他们,尝试了解他们,尽力理解他们。

虽然经济学本身是一门实证科学,但它经常被用来作政策建议,当涉及政策时,必然牵涉到国计民生的大事情。究竟是什么让董辅礽终成一代经济学大师?"经济预测大师"萧灼基,到底是什么促使他频频勇闯"禁区"?"市场经济信徒"吴敬琏为何时而被誉为"经济学家的良心",时而被千夫所指?厉以宁缘何如此钟情"股份制",以至于被冠以"厉股份"之名?林毅夫是怎样从中国台湾走向内地,又从内地登上世界舞台的?被誉为"平民经济学家"的樊纲,为什么被西方社会广泛认可?从农民的儿子到"最受争议的经济学家",张维迎坚守了什么,又放弃了什么?周其仁被称为"周奇人",在他身上,究竟何处与众不同?从普通学者到学术明星,郎咸平如何在舆论的浪尖上翩翩起舞……阅读这本书,是读者对经济学家的探索旅程,是一次对经济学人的探索之旅。

这本书里选取的有影响力的经济学家们,展示他们追寻真理、艰辛探索的执着和思想的光辉,讲述其不平凡的人生。从他们身上,我们可以体悟良知的捍卫、时代的变迁与改革的力量。他们头顶光环,也同样背负争论甚至诘难。《旧唐书》上说:"庙堂之上,无非经济之才,表著之中,皆得论思之士。"经世济时,这是中国人一个悠远的梦想,这些中国的经济学家们,正在为实现着这个梦想而努力着,他们思在风云变幻的事件里,情在经世济民精筹奉公之中。

● 智慧心语 ●

市场经济是唯一自然、合理和能够带来繁荣的经济,因为它是唯一能反映生活本质的经济。生活的精髓就在于它无穷无尽和神秘多样,因而,就生活的完美性和变幻性而言,任何中心人物的智慧都无法加以涵盖和设计。

——维克拉夫·哈韦尔

稳定经济的任务,要求我们能够控制住经济、使之不至于偏离持续高就业之路太远。就业率过高将导致通货膨胀,而过低又意味着衰退。灵活审慎的财政政策和货币政策,能够帮助我们在这两条路中间穿过一条"狭窄的通道"。

——约翰·肯尼迪总统

经济学家与政治哲学家的观念,无论对错,都远较一般人所了解的为有力。这个世界甚少受其他人的统治。负实际责任的人尽管认为不太受知识分子的影响,但通常都是某些死去经济学家的奴隶。

——凯恩斯

发展和创造就业机会的重担,必将由农业活动占主导地位的那部分经济——即农业部门来承担。

——弗郎西斯·布兰查德

需要重新推崇国家在发展中国家经济生活中的作用……不是由于强硬的意识形态干预,而是由于灵活可行的实用主义的考虑。

——曼莫罕·辛格